Schmuck 1970–2015

Sammlung Bollmann

FRITZ MAIERHOFER
Retrospektive

Jewellery 1970–2015

Bollmann Collection

FRITZ MAIERHOFER
Retrospective

Christoph Thun-Hohenstein /
Elisabeth Schmuttermeier (Hg. / eds.)

Schmuck 1970–2015

Sammlung Bollmann

FRITZ MAIERHOFER
Retrospektive

Jewellery 1970–2015

Bollmann Collection

FRITZ MAIERHOFER
Retrospective

ARNOLDSCHE Art Publishers

MAK

Inhalt

Contents

Kunst für Menschen

„Schmuck“ ist ein irreführender Begriff für eine Kunstsparte, die zu wenig ins Licht gerückt ist, obwohl sie dem heutigen Streben nach individuellem Ausdruck kongenial entspricht. Die Rede ist von Kunstwerken, die Menschen als Schmuckobjekte am Körper tragen können. Künstlerischer Schmuck sind Skulpturen von überschaubarer Größe, die als Kunst in der Vitrine ebenso bestehen wie in ihrer Anwendung am Körper. Sind sie deshalb angewandte Kunst? Oder Bildhauerei? Oder Konzeptkunst? Oder vollendet sich Schmuck erst im Getragenwerden und handelt es sich um eine Kunstform sui generis? Die Fragen sind so spannend wie irrelevant. Anders als bei Design oder Mode steht der freie Kunstwille im Vordergrund und sind die Schmuckobjekte Teil des Œuvres künstlerischer Positionen, die in vielen Fällen erheblich größere künstlerische Formate umfassen.

Künstlerischer Schmuck ist also Kunst pur, selbst wenn er auf Messen gelegentlich in die Nähe von Design oder angewandter Kunst gerückt wird. Was ihn jedoch gegenüber sonstiger bildender Kunst so außergewöhnlich macht, ist sein dualer Charakter. Ohne den Menschen als TrägerIn bleibt er Skulptur (die freilich allen Regeln exzellenter Kunst entsprechen muss). Wird er getragen, wird er performativ. Er tritt dann in einen künstlerischen Dialog mit dem ihn tragenden Menschen und gewinnt dadurch zusätzliche Ausdrucksdimensionen. Noch mehr: Die Performanz von Mensch und Kunst entwickelt sich weiter. Selbst das regelmäßige Tragen eines Schmuckobjekts durch denselben Menschen generiert im Laufe von Jahren und Jahrzehnten spannende Nuancen. Wenn es vererbt wird, wird es aus dem Geist einer jüngeren Generation heraus neu geboren (so wie eine jahrhundertealte Oper mit jeder Inszenierung neu ersteht). Ähnlich verhält es sich bei TrägerInnen unterschiedlicher Kulturen.

Es ist höchste Zeit, dass künstlerischer Schmuck breite Aufmerksamkeit erfährt! Das MAK hat immer wieder Ausstellungen zu künstlerischem Schmuck präsentiert und dafür ein Publikum von Eingeweihten begeistern können. Das ist schön, aber zu wenig. Es gilt dieser bedeutenden, doch viel zu wenig bekannten Kunstsparte einen großen Auftritt zu verschaffen, damit alle an zeitgenössischer Kunst Interessierten, aber auch ein breites Publikum künstlerischen Schmuck schätzen und lieben lernen (und zu sammeln beginnen ...).

Für diesen Auftritt braucht es Weltklasse. Das österreichische Sammlerehepaar Heidi und Karl Bollmann hat in mehreren Jahrzehnten eine herausragende Sammlung künstlerischen Schmucks zusammengetragen und dafür international Anerkennung erfahren. Es war naheliegend, diese Sammlung heranzuziehen, um künstlerischen Schmuck auf höchster Qualitätsebene ins Rampenlicht zu stellen. Als ideale Ergänzung dieses Ansatzes erwies sich eine Einzelpräsentation des bedeutenden österreichischen Künstlers Fritz Maierhofer, die ein individuelles künstlerisches Werk in seinem beeindruckenden Spektrum erlebbar macht.

Das MAK dankt der Familie Bollmann für ihr leidenschaftliches Plädoyer für künstlerischen Schmuck und die Ermöglichung dieser Ausstellung samt Publikation. Gedankt sei allen KünstlerInnen und insbesondere Fritz Maierhofer sowie dem Doyen der österreichischen Schmuckkunst Peter Skubic, ferner der zuständigen Sammlungsleiterin im MAK, Elisabeth Schmuttermeier, und allen, die zur Realisierung der Ausstellung und des Buches beigetragen haben. Ein besonderes Dankeschön an Dirk Allgaier und die Arnoldsche Verlagsanstalt, die den vorliegenden Katalog trotz Zeitdrucks fertigstellen konnte und damit das wesentliche Anliegen dieser Ausstellung weiterträgt, nämlich künstlerischem Schmuck den ihm gebührenden Rang in der Welt der Kunst zu sichern!

Christoph Thun-Hohenstein
Direktor MAK

Art for People

The German term *Schmuck* (meaning jewellery) is a misleading term for a field of art to which too little attention has been paid although it is perfectly attuned to today's striving for individual self-expression. Here we are talking about works of art that people can wear on their bodies as objects of jewellery. Pieces of art jewellery are works of sculpture of manageable size which can hold their own equally when shown in a display case and when used on the human body. So does this make them applied art? Or sculpture? Or conceptual art? Or is jewellery only then complete when it is worn, and is this a case of an art form *sui generis*? As exciting as these questions may be, they are ultimately irrelevant. Unlike the fields of design or fashion, art jewellery focuses on giving free rein to artistic intent, and jewellery objects are part of an oeuvre representing artistic positions which in many cases include art in considerably larger formats.

Hence art jewellery is art pure and simple even though at fairs it occasionally comes close to being equated with design or the applied arts. However, what makes it so exceptional compared to other fields of fine art is its dual nature. Without a man or woman to wear it, it remains sculpture (which, of course, must obey all the rules governing outstanding art). When worn, on the other hand, it becomes performative. It enters into an artistic dialogue with the person wearing it, thus gaining additional dimensions of expressivity. What is more, the performance of human and art keeps on developing. Even when one person continues to wear a jewellery object regularly, exciting nuances of meaning are generated over the course of years and decades. When such an object is bequeathed as an heirloom, it is reborn in the spirit of a younger generation (just as an opera that is a hundred years old is recreated with each new production). Jewellery reacts similarly to being worn by men and women of different cultures.

High time, then, that a broader public should become acquainted with art jewellery! The MAK has on numerous occasions mounted exhibitions of art jewellery, and they have invariably been a hit with insiders. That is all to the good but is still not enough. What remains for us to do is to put on a spectacular production for this far too little-known field of art so that the public at large and anyone who is interested in contemporary art may come to appreciate art jewellery and learn to love it (and begin to collect ...).

A production of this kind needs to be world class. The Austrian collectors Heidi and Karl Bollmann have amassed a superlative collection of art jewellery over several decades and have done so to international acclaim. Drawing on that collection to place art jewellery of the highest quality in the limelight where it ought to be seemed only natural. That approach is ideally complemented by a solo show of work by the important Austrian artist Fritz Maierhofer, which makes an individual oeuvre experienceable in all its impressive range.

The MAK is grateful indeed to the Bollmann family for their passionate advocacy of art jewellery and for making possible this exhibition and the accompanying catalogue. Our thanks go to all the artists whose work is shown and especially to Fritz Maierhofer as well as to Peter Skubic, doyen of Austrian art jewellery, moreover to Elisabeth Schmuttermeier, curator at the MAK responsible for the collection, and to all those who have contributed to realising the exhibition and the book. Special thanks to Dirk Allgaier and Arnoldsche Art Publishers for managing to have the present catalogue ready on such short notice, thus further advancing the chief concern of this exhibition, which is to ensure art jewellery the status it deserves in the art world!

Christoph Thun-Hohenstein
Director MAK

Das adoptierte Kind

Am Anfang steht der Dank, dass meine Frau und ich auf mehreren Gebieten das tun durften, was uns wichtig war und ist, und dass wir nun in einem Bereich unserer Aktivitäten einen Ausschnitt zeigen dürfen. Damit sind wir vor allem jenen verpflichtet, deren Leistung und Arbeit, Weltsicht und Geistesleben wir nun zur Begegnung – hoffentlich zur Befreundung – vorstellen, wofür es trotz nun fast fünfzigjähriger Bemühungen keinen Begriff gibt: Ist es Autorenschmuck, Studioschmuck, künstlerisch gestalteter Schmuck, Kunst am Körper? Oder einfach guter Schmuck, das schiene uns am treffendsten.

Besonderer Dank gilt auch Herrn Direktor DDr. Christoph Thun-Hohenstein. Schmuck ist Vorstellung, und es kann dafür keine bessere Szene als das MAK – Österreichisches Museum für angewandte Kunst / Gegenwartskunst in Wien geben.

Mein ureigenster Dank – der dann wohl auch der der meisten unserer Freunde ist, der Schmuckmacherinnen und Schmuckmacher – gebührt meiner Frau. Sie hält seit mehr als drei Jahrzehnten den Kontakt mit ihnen und ihren Ausstellern, Kuratoren, Museumsdirektorinnen und Museumsdirektoren. Sie hat auch der Vielzahl der mitunter spontanen Käufe nun jene Einheit verliehen, von der man in alter Zeit die Meinung vertrat, dass sie bestimmend für die Schönheit sei. An erster Stelle steht jedoch, dass sie den Schmuck mit der Selbstverständlichkeit und Unaufgeregtheit trägt, mit der man sich zu zeigen hat, wenn man etwas Ungewöhnliches tut. Das darf dann von Freude begleitet sein.

Am Beginn meines Interesses am Schmuck stand das Anliegen, meiner Frau etwas zu schenken, von dem ich hoffen konnte, sie werde erkennen, wie sehr es meiner Zuneigung entsprach, auch dem Versprechen der Konstanz dieser Empfindung. Es sollte während der Jahre nicht an Spannung verlieren, auch wenn die Bedeutung und die Gedankenwelt, in der es stand, sich veränderte, auch mit geänderten Bedeutungsinhalten, zumal sie ja verschiedentlich von der Trägerin und dem Betrachter hinzugefügt werden, aber eben nie bedeutungslos, eine problematische Wirklichkeit, die aber doch das enthält, was ich dann später unter der Bezeichnung der inneren Notwendigkeit kennengelernt habe.

In meinem ersten Katalogbeitrag überhaupt habe ich versucht, Schmuck in Erklärungen, kurz gefassten Seinsurteilen, vielleicht auch Wesensbeschreibungen, verständlich zu machen. Durch einen nicht behebbaren Druckfehler wurde „Kleid“ mit „Kind“ vertauscht, sodass der Satz entstand: *„Schmuck in der Vitrine ist wie ein Kind im Schrank.“*

Jeder erkannte Fehler ist ein Schritt zur Erfassung der Situation. Ende der Sechzigerjahre wollten einige Schmuckmacher ihrem Kind eine solche Gestalt geben, dass es nicht mehr in den jahrtausendealten Vorurteilen der abendländischen Gesellschaft eingesperrt sein sollte. Alle alten Schmuckzwecke wie Wertanlage, Rangabzeichen, das von der Konvention, der Mode vorgegebene Schönheitsmuster und der bloße Reiz des Augenblickes waren belanglos. Die Eltern hielten ihr wahrhaftes und unter Einsatz aller Kräfte erfolgendes Bemühen zu etwas Neuem, das menschlich tragbar und tragfähig sein sollte, für eine ausreichende Genmanipulation. Besondere Plandokumente und Manifeste wurden dem Zeugungsakt nicht beigegeben, auch wenn heute die Spurensuche nach dem Anfang immerhin möglich ist.

Was waren nun die Eigenschaften, auch Ansprüche, des Kindes?

Seine Überlebenschancen, belastet mit dem hässlichen, aber nicht änderbaren Namen Schmuck, waren nur gegeben, wenn ihm Substanz, ein eigenes Wesen, zukam. Es durfte und wollte nicht mehr

~~„Schöne Kunst dagegen ist eine Vorstellungart, die~~ „Schmuck dagegen ist ein Gegenstand, der für sich selbst zweckmäßig ist und, obgleich ohne Zweck, dennoch die Cultur der Gemüthskräfte zur geselligen Mittheilung befördert."

Immanuel Kant, Critik der Urtheilskraft, Berlin und Libau, 1790 A 176 (Berlin, 1793 B 179) mit Anpassung des Verfassers

als Beiwerk, als accidens, gesehen werden, das am besten wegzulassen war. Wenn es von Menschen für Menschen geschaffen war, so war es ihr unmittelbarer Teil und sollte nicht gerade von den Intellektuellen weggelegt werden, die sich ja als die Führenden, die Umsichtigen und für die Zukunft Vorsorgenden erachteten.

Die Wesentlichkeit sollte, so war die Auffassung, schon dadurch ersichtlich sein, dass es in seinen Urformen gleichzeitig mit der menschlichen Stimme entstanden war, die erste Herstellung neben Tötungswerkzeugen überhaupt. Wenn Joseph Beuys sagen konnte *„Kunst = Mensch"*, so war es doch noch gültiger zu sagen *„Schmuck = Mensch"*.

Nach Ramon Llull (Raimundus Lullus, *Ars brevis*, 1308) ist der Mensch *„ein Sinnenwesen, dass sich zum Menschen macht"*[1], nach anderer Übersetzung ein Sinnenwesen, das das Mensch-Sein mitteilt.[2]

Schmuck beginnt mit der Menschwerdung, historisch, dann aber heute und täglich immer wieder von Neuem. Es ist eine ängstliche und sinnlose Verdrängung, dies nicht wahrhaben zu wollen. Wieso konnte gerade eine Leistung, die so viele Möglichkeiten bot, sich als Mensch zu zeigen und zu erweisen, in ein nebensächliches Beiwerk, in ein bloßes Accessoire abgedrängt werden?

Die Grundeigenschaft der unmittelbaren menschlichen Wesentlichkeit war, so scheint es, ab jener Kulturstufe verloren gegangen, in welcher Schmuck nicht mehr den Toten beigegeben wurde.[3] Religion und Ethik machten es sich sodann zur Aufgabe, den Schmuck auch schon im Diesseits als hinderlich für das ewige Leben abzukanzeln.

Das Kind war kühn, und etwas Mut braucht es trotz seines Heranwachsens auch heute noch. Sollte es möglich sein, das alte Ideal der Vervollkommnung, der freudigen gemeinsamen Empfindung und des Trostes dort zur Wirklichkeit zu machen, wo die Affekte am stärksten sind, auf einem Feld, das gemeinhin als Nährboden des falschen Scheines, der Verführung, der Eitelkeit und der Gier gilt, auch als Zeichen der Ausbeutung, Abgrenzung und Beherrschung? Die Behandlung des Schmuckes durch die Weisen und Guten des Abendlandes ist ernüchternd. Platon setzt die Putzkunst der Rhetorik gleich, einer ausnahmslos zu verwerfenden Schmeichelei. Das Angenehme ist nicht das Gute.[4]

Boethius hat mit seinem *Trost der Philosophie* (524 n. Chr.) durch die Jahrhunderte die Intellektuellen beruhigt, wohl ausgenommen die Schmuckträgerinnen und Schmuckträger. Der Glanz der Edelsteine gehört nicht der beseelten und vernunftbegabten Natur an, steht also weit unter den Vorzügen des Menschen (eine Meinung, welche von den neueren Schmuckmachern bisweilen geteilt wurde), und sich mit den Werken eines fremden Talentes zu schmücken, ist eine Verfehlung.[5]

Friedrich Schiller lässt in seinem *Kampf mit dem Drachen* den Ordensoberen sagen: *„Gehorsam ist des Christen Schmuck."* Schiller stützt sich offensichtlich auf Martin Luther.[6]

Goethes alterndem Faust gelingt es, mithilfe zweier vom Teufel bereitgestellter Schmuckkästchen die vierzehnjährige Unschuld zu verführen.[7]

Schmuck kommt als eigene Eintragung in der *Allgemeinen Theorie der schönen Künste* nicht vor, selbst wenn eine solche Theorie von Gutwilligen wie Johann Georg Sulzer (erstmals 1774) aufgestellt und immer wieder ergänzt wird.

Trotz jahrelanger Suche habe ich unter den Philosophen und Ästhetikern nur einen einzigen gefunden, der zum Schmuck positiv eingestellt ist. Nach K. W. F. Solger hat die Liebe zum Schmuck auch im gemeinen Leben eine edle Quelle.[8]

Die Eltern waren sich der Problematik nicht bewusst, und viele blenden auch weiterhin die üble

Historie einfach aus. Unschuld ist liebenswert und fasziniert; aber sie ist in der heutigen Gesellschaft kein besonderer Anreiz mehr.

Auch ohne die lange Ahnenreihe zu verleugnen, sollte das Kind den Wunsch seiner Eltern nach Freiheit in die Welt tragen, so sehr, dass es zur Adoption freigegeben wurde. Erstaunlicherweise sind die Eltern dabei ein geringes Risiko eingegangen. Einmal aus dem Schrank, war das Kind derart frei, mitunter auch etwas ungebärdig, dass es nur von Freien aufgenommen wurde, die keine anderen Zwecke verfolgten als mit dem Kind zu spielen, sich an seinen Kapriolen zu erfreuen, und das zu Hause und in aller Öffentlichkeit, schon auch mit der Hoffnung, es in der Gesellschaft wachsen zu sehen. Ist die Freiheit nicht die in sich selbst unendliche Selbstbestimmung? Verschönt nicht alles Gefühl und Bewusstsein der Freiheit und verhässlicht nicht alle Unfreiheit?[9] *„What more felicity can fall to creature than to enjoy delight with liberty."*[10]

In naivem und nur selten übertriebenem Stolz waren die Eltern der Meinung, dass ihre Kinder von denen, auf die es letztlich ankommt, den Wichtigen und Guten, mit offenen Armen als Nachwuchs mit Zukunft aufgenommen werden, zumal der Grundwert der Freiheit allen gleich sein musste. Wenn sie nichts anderes waren als Kinder der Liebe zum Menschsein, war ihnen doch die Gleichheit des Wertes und der Chancen in die Wiege gelegt, damit die Einheit, welche die Vielfalt nach klassischer Definition zur Schönheit macht und vor dem höllischen Chaosdrachen bewahrt.

Sicher, die Kinder sind mit dem Menschsein ihrer Erzeuger in die Welt geschickt, aber das ist keine Last. Sie sind offen für die Gedankenwelt ihrer Wahleltern, ja sogar darüber hinaus eigentlich für alle, und sie tragen gerne mit, was diese bedrückt, ist es doch das Vorrecht der Kinder, an die Munterkeit, die ewige Jugend, die Substanz des Lebens, dann aber auch an das Wachsen, die Möglichkeit der Entfaltung und manches Mal aber auch an den Tod zu erinnern. Freiheit ist vor allem Freiheit von Angst, auch vor Unsicherheit und vor dem Ende. Schmuck schützt.

Warum finden die Kinder noch immer so wenige Adoptiveltern? Sie haben doch den Willen, ihren Wahleltern bei der Vervollkommnung zu helfen, in einer gemeinsamen Inszenierung der Freude. Auch jenen Kindern, die äußerlich ungehörig und regellos auftreten, ist der Ordnungsgedanke beigegeben, und sie sind sich ihrer Grenzen wohl bewusst, können sie doch nie mehr sein, als die Schöpfung ihrer natürlichen Eltern in der Vorstellung ihrer Wahleltern. Wenn sie einen Zweck haben, so den, recht lange ihren Wahleltern (und jetzt in Museen ihren Eltern) zur Verfügung zu stehen und an das Sich-zum-Menschen-Machen zu erinnern, an das Wertvolle im Menschen und in seinem Leben. Dazu gehört auch, dass die Stoffe, aus denen sie geformt sind, die Materie, beherrscht wird. Einige Eltern meinen sogar, dass sie auf der gleichen Stufe stehen wie der Stoff, den sie formen, und dass sie mit ihm in Zwiesprache und gegenseitige Erkenntnis treten müssen. Manche Eltern glauben auch, ihrem Anliegen der Darstellung der Gleichheit am besten dadurch zu entsprechen, dass sie vergängliche Materialien wählen. Fast will es den Anschein haben, dass die Liebe der Menschen zueinander auch die Liebe zum Material umfasst, damit auch zur Natur, ihren Wundern und Gesetzen. Wie anders ist zu erklären, dass die Kinder sehr häufig aus den gleichen traditionellen Werkstoffen, dann aber aus bislang zweckfremden, auch aus neuartigen und sogar aus von den Eltern neu erfundenen Werkstoffen hergestellt werden. Die Freiheit der Fantasie greift auf das Material über. Hybridgestalten sind keine Hybris, werden doch manche Kinder sogar aus Gefundenem und Angespültem, ja sogar aus Abfall hergestellt.

Jede Gestaltung ist durch die menschliche Gestalt beschränkt, und wahrscheinlich auch durch das menschliche Denken.

Damit ist auch das Handicap der Kinder umschrieben. Sie sind sich bewusst, für Menschen geschaffen zu sein. Sie sind an ihre Maße gebunden und benötigen ihre Nähe und Zuwendung. Erst dann können sie ihre Zwecke – und solche haben sie letztlich doch – erfüllen. Sie wollen gezeigt werden, und das mit einer Selbstverständlichkeit, deren Grundlage das allgemeine Selbstverständnis ist, dass die Natur in Freiheit ergänzt werden darf. Die Kinder wollen und sollen sich nach heutigem Verständnis schon im ersten Zusammentreffen angenehm machen, und zwar allen, auch wenn das

Sokrates (Platon) und Kant nicht so wollen. Wenn das Angenehme auf einer Freiheit aufbaut, welche die Gleichheit achtet, so ist das Angenehme nicht mehr verächtlich, sondern wird zum Teilnehmungsgefühl, der Sympathie. Auf dieser Einheit darf dann jeder sein System errichten und Inhalte für den höheren Gedankenflug anschaulich machen.[11]

Es gehört auch zum Mensch-Sein und dem Sich-zum-Menschen-Machen, dem Handeln eine Reihe von Ordnungsgedanken und dann auch Wertvorstellungen zugrunde zu legen, zumeist vom besseren Leben des Einzelnen, dann aber auch der Gemeinschaft. Sie soll heute weltumfassend sein. Wir werden ja auch als beseelte und vernünftige Lebewesen bezeichnet. Schon das Fühlen und Denken dieser höheren Werte schafft gleichfalls Lust, insbesondere auch das Auffinden und Aufzeigen neuer und überraschender Wendungen in diesen Systemen, die ja gemeinhin bedeutsamer und wichtiger als das bloß Angenehme sind, mag das heute auch umstritten sein.

Diese Ordnungsvorstellungen, früher als Ideen bezeichnet, können häufig nicht in Worte gefasst werden. Wenngleich sie Regeln schaffen, wissen die Kreativen, die sie in die Welt setzen, auch nicht, wie dies geschehen ist.

Also ist es den Eltern nicht zu verdenken, wenn sie ihre Kinder nicht nur mit der Absicht in die Welt senden, im ersten Augenblick nach Regeln der Wahrnehmungspsychologie Lust zu verschaffen, sondern es als natürliches Anliegen sehen, ihren Kindern als Inhalt das mitzugeben, was sie für sich, aber eben auch für andere, als bestimmend und wesentlich erachten. Wenn es früher hieß „individuum est ineffabile“, das Individuum ist unaussprechlich, so kann es ja doch abbildbar sein und sich durch Gegenstände klarer und für die Empfänglichen auch deutlicher machen. Sollte es gelingen, die Kluft zwischen Geist und Materie zu überbrücken?

Seit den Sechzigerjahren waren die Eltern der Auffassung, dass sie ihre Kinder eben mit ihrem Eigenen zu versehen haben, dann wohl auch mit dem Kennzeichnenden ihrer Zeit, jedenfalls aber auch mit ihren eben unaussprechlichen Vorstellungen des Allgemeingültigen, etwa was im Leben nun wahr und richtig ist, ob die Proportionen alleine ausreichen, Erkenntnis zu vermitteln, ob das Wissen oder die Gefühle Vorrang haben, was es zu tun gilt und welche Hoffnungen bestehen, all dies mit den Mitteln der Formen und Farben, all dies vor dem bewegten Hintergrund ihrer Wahleltern. Mit diesen aktuellen und dann doch zeitlosen Ideen sind die Kinder bunt bestickt, also durchaus munter, aber nicht immer. Schwermütige und dunkle Kinder finden elegische Wahleltern.

Die Wahleltern sind nicht an die Ideen der Erzeuger gebunden. Wird das Kind geachtet, so ist auch das Missverständnis kein Problem. Die Wahleltern können somit die Kinder in die ganz andere Welt ihres Fühlens und Denkens hineinnehmen, und kein System ist geschlossen. Alle, in deren Sphäre das Kind gerät, dürfen sich ihren eigenen Betrachtungen hingeben und sich an der Reflexion in ihrer eigenen Fantasie erfreuen. An originelle Kinder gewöhnt man sich gerne, und sie vergrößern den Bekanntenkreis.

Was macht dann die Eltern, die ja ganz offensichtlich aus allen Weltteilen kommen, die Wahleltern und die Kinder zur Familie, immer mit der Hoffnung sie zu vergrößern? Die von den Eltern entworfenen Systeme sind schon von ihrer Herkunft her vielfältig und die Wertvorstellungen sehr erfreulicherweise mannigfaltig. Dann aber sollte es doch etwas geben, das in aller Freiheit die Einheit herstellt.

Da geht es nicht um Kenntnisse, sondern um Vorkenntnisse, von denen meine Frau und ich glauben, dass sie noch immer vorhanden sind, und die seit alters her „humaniora“, Humanität, genannt wurden, also *„einerseits das allgemeine Teilnehmungsgefühl“* – es könnte auch als Sympathie, das wohlwollende Mitgefühl, bezeichnet werden – *„andererseits das Vermögen, sich innigst und allgemein mitteilen zu können.“*[12]

Beides führt immer wieder zu den Anfängen und zur Notwendigkeit des Überdenkens zurück, aber das ist es ja, was den Charme der Kinder ausmacht, ganz besonders wenn sie als Heutige mit dem Formverständnis und der Denkungsart der Gegenwart auftreten. Nicht ein spezifisches System oder eine besondere Rhapsodie – und sei sie noch so verführerisch –, keine alles lösende Antwort kann und soll herbeigeführt werden, sondern es gilt ganz einfach die humanen, in ihrer Wirkung dann sogar vielleicht humanitären, Vorkenntnisse zu pflegen und zu kultivieren. Alle müssen daran arbeiten, ihre Gedankenwelt für andere so zu erschließen, dass diese eintreten und ihre eigenen Fantasien mitbringen, all dies mit Rücksicht und Anstand. Genau das ist die Basisaufgabe der Kultur und damit ganz unmittelbar des Schmuckes. Die Intellektuellen sind zu mehr verpflichtet als zu einem schwarzen Kleid, einem schmalen Silberarmband und einem dunklen Anzug.[13] In der Gemeinschaft besteht die Pflicht, sich zu erkennen zu geben. Nur das Zeigen des Formempfindens und der Luftschlösser und damit eines wesentlichen Teiles des Charakters – dann aber auch die Akzeptanz einer fremdartigen Selbstdarstellung – führt in die Richtung der Sympathie.

Wenn es die Bestimmung der Kinder ist, sich in der Gemeinschaft zu entfalten, welchen Sinn macht es noch, Kinder in solcher Hülle und Fülle zu adoptieren, dass sie nicht mehr gemeinsam mit ihren Wahleltern auftreten können, wo doch alles andere einschließlich des Zeigens in den Vitrinen einem Einsperren im Schrank gleichkommt?

Bei allen diesen Vorbehalten macht die Annahme an Kindesstatt mit ihren Zweifeln und den simulierenden Attitüden vor dem Spiegel doch Freude und gibt Gelegenheit, sich und die Welt zu überdenken, dann doch immer mit der Hoffnung, diese Freude weiterzugeben. Ist das so subjektiv gestaltete und ausgewählte Kind der Allgemeinheit präsentierbar? Ist es so ansehnlich, so ausdrucksstark und hat es solche Werte, dass es ohne Begriff als Wesen, nicht als Gegenstand, notwendigen Wohlgefallens erkannt wird? Die Eltern müssen doch wissen, dass die Virtuosen des Geschmackes nicht als die Tugendhaften gelten.[14]

Ebenso wie die Eltern sind die Wahleltern überzeugt, dass die Kinder die vorzügliche Eigenschaft haben, das Mensch-Sein so zu zeigen, dass es gezeigt werden darf, eigentlich auch soll. Dies muss den Eltern allerdings immer wieder bestätigt und bescheinigt werden, sonst endet aus äußeren und inneren Gründen ihre Zeugungskraft und Mutterschaft. Da gibt es nur die Adoption, auch mit dem Risiko, dass die Kinder nur selten Frischluft atmen. Für diese Kinder darf man, soll man zahlen. Wenn den Wahleltern bewusst ist, dass sich die natürlichen Eltern immer an Zeugung und Geburt ihrer Kinder erinnern und ihnen ihr Wohlergehen eine Herzenssache bleibt, so können feste Freundschaften entstehen, solche, die Halt geben.

Auch der neue Schmuck kann nicht das Gute, Wahre und Schöne im Gegenstand vereinen. Im Gegenteil, er wird häufig Bruchlinien zeigen, und vielleicht aporisch, aber wenigstens nicht freudlos und nicht hoffnungslos enden. Das Vollkommene ist nicht zu erreichen, Freundschaft schon.

Ist dieser Aufsatz nichts anderes als eine Begründung des Dankes für die Teilnahme am Abenteuer des Schmuckgeschehens, dem Erwerb unveräußerbarer Werte (es gibt keinen Sekundärmarkt), am Tragen des Schmuckes und jetzt an seinem Ausstellen? Dann hätte er schon nahezu zur Gänze seine Aufgabe erfüllt.

Karl Bollmann
Januar 2015

1 Raimundus Lullus, *Ars brevis*, Lateinisch – Deutsch, Übersetzung Alexandra Fidora, Hamburg, Meiner 1999, S. 62: *„De quarto subiecto, quod est homo: Et definitur sic: Homo est animal homificans."*

2 Raimundus Lullus, *Die neue Logik. Logica Nova*, Hamburg, Meiner 1985, Lizenzausgabe 2002 für die Wissenschaftliche Buchgesellschaft, Übersetzung Vittorio Hösle und Walburga Büchel, S. 23: *1. Abschnitt über den Baum, 5. Über den Menschen.*

3 Aus heutiger Sicht ist aber der Schmuck als Totenbeigabe problematisch. Soll es dem Helden, der teuren Goldschmuck verdient hat, im Jenseits besser gehen? Hört dort der Wettbewerb nicht auf? Auch der beste Schmuck ist ein Menschenwerk, für Menschen. Er hat hier im Diesseits seinen Beitrag zum allgemeinen Wohlgefallen und damit zum Wohlergehen zu leisten.

4 *Sokrates* in Friedrich Schleiermacher, *Platons Werke. Zweiten Theiles erster Band*, Berlin, Realschulbuchh. 1805, Seite 55 (465): *„In die Heilkunst also, wie gesagt, verkleidet sich die kochkundige Schmeichelei, in die Gymnastik aber eben auf die Weise die putzkundige, die gar verderblich ist und betrügerisch, unedel und unanständig und durch Gestalten und Farben und Glätte und Bekleidung die Menschen so betrügt, dass sie mit fremder Schönheit angethan, die eigne, welche durch die Kunst der Leibesübungen entsteht, vernachlässigen."*
Kant unterscheidet vier Arten der Lüste, die Lust am Angenehmen, am Schönen, am Erhabenen (Sublimen) und am Guten. Die Lust am Angenehmen, das vorübergehende gedankenlose Wohlgefühl, das so rascher Abnützung unterliegt und nach ständiger Vermehrung verlangt, stellt den Menschen dem Tier gleich, hat also mit der von Kant angestrebten Veredelung nichts zu tun.
Am Anfang des neuen Schmuckes durfte er nur Lust am Erhabenen erzeugen – wie damals und heute die reine, nicht mehr schöne Kunst. Der neue Schmuck soll heute am besten alle vier Lüste gleichzeitig verschaffen, mit Ausnahmen.

5 Boethius, *Trost der Philosophie*, Übersetzung Olof Gigon, München, dtv 1991, S.P. 100–105, Seite 101: *„Wie weit erstreckt sich dieser euer Irrtum, wenn ihr glaubt, dass sich etwas durch fremden Schmuck schmücken lasse! Dies ist doch unmöglich; denn wenn etwas durch ein Beiwerk strahlt, dann liebt man zwar das Beiwerk, was aber davon verdeckt und verhüllt wird, verharrt in seiner dadurch um nichts geminderten Hässlichkeit."*

6 Dr. Martin Luther, Predigt zum 15. Sonntag nach Trinitatis (Mat. 6/24–34).

7 Johann Wolfgang von Goethe, *Faust. Der Tragödie erster Teil*, Jugendliche Schönheit reicht nicht aus.

Margarethe:
„Wenn nur die Ohrring meine wären!
Man sieht doch gleich ganz anders drein.
Was hilft euch Schönheit, junges Blut?
Das ist wohl alles schön und gut,
Allein man lässt's auch alles sein;
Man lobt euch halb mit Erbarmen.
Nach Golde drängt,
Am Golde hängt
Doch alles. Ach wir Armen!" (2796 – 2804)

Faust:
„Sei, Teufel, doch nur nicht wie Brei,
und schaff einen neuen Schmuck herbei!" (2859 – 2860)

Mephistopheles, der Teufel, erklärt sich gerne bereit, wundert sich aber dann über die Verschwendungssucht der Jungverliebten.

8 Karl Wilhelm Ferdinand Solger, *Vorlesungen über Ästhetik*, Leipzig, Brockhaus 1829, S. 102 f.: *„Das Edle, welches in dem Verlangen nach Schmucke liegt, ist die Ahndung, daß sich das Schöne mit dem gemeinen Leben versöhnen könne. Die Abneigung gegen den Schmuck führt zur offenbaren Barbarei."*

9 Karl Rosenkranz, *Ästhetik des Häßlichen*, Königsberg, Bornträger 1853, S. 27.

10 Edmund Spenser, *Muiopotmos, or The Tale of the Butterfly*, London, Ponsonbie 1591; John Keats als Motto für seine *Poems*, London, Ollier 1817.

11 Gustav Theodor Fechner, *Vorschule der Ästhetik*, Leipzig, Breitkopf & Härtel 1876, II, S. 94 zitiert Goethe (Propyläen, S. 36): *„Die bildende Kunst soll durch äussern Sinn zum Geiste nicht nur sprechen, sie soll den äussern Sinn selbst befriedigen. Der Geist mag sich als dann hinzugesellen und seinen Beifall nicht versagen."* Das ist heute ein Privileg des Schmucks, welches der bildendenden Kunst nicht mehr zugebilligt wird.

12 Kant, *Critik der Urtheilskraft* (KdU) A 258, 259, B 262.

13 Fechner, a. a. O., II, S. 222. Fechner beklagt die Farblosigkeit des allgemeinen Auftretens. *„Unsre Zeit, unsere Bildung ist so zu sagen immer abstracter geworden. Der höher stehende überhaupt tonangebende Mann giebt selbst wenig mehr auf äussern Sinnesschein und will nicht mehr durch solchen anziehen und blenden. Indem er den äussern Glanz und Schmuck vermeidet, richtet sich von selbst die Aufmerksamkeit mehr auf seinen innern Werth; auch der aber, der keinen solchen hat, will doch den Schein davon durch die Nachahmung der äussern Scheinlosigkeit gewinnen; so konnte der Gebrauch schwarzer Festkleidung beim Mann sich mehr und mehr verallgemeinern und endlich zwingende Mode werden. Die Frau hingegen hat selbst mehr Freude an der Aeusserlichkeit als der Mann und ist verhältnissmässig mehr darauf angewiesen durch ihr Aeusseres anzuziehen; konnte daher nicht leicht so viel davon Preis geben, als der Mann. Doch sind im Ganzen genommen auch die Kleider der Frauen bei uns immer einfarbiger und die Farben daran immer unscheinbarer geworden."*

14 Nach Kant kann das intellektuelle Interesse am Schönen nicht schon als moralisch gut angesehen werden, wie dies einige behaupten. *„Ihnen ist aber nicht ohne Grund von anderen widersprochen worden, die sich auf die Erfahrung berufen, dass Virtuosen des Geschmacks, nicht allein öfter, sondern wohl gar gewöhnlich eitel, eigensinnig und verderblichen Leidenschaften ergeben, vielleicht noch weniger wie andere auf den Vorzug der Anhänglichkeit an sittliche Grundsätze Anspruch machen könnten."* (KdU, B 165)

The Adopted Child

To begin, there is the gratitude that my wife and I have been able to do in several areas which has always been important to us and that we are now able to show a sample of our activities in one area. For this we are above all indebted to those whose achievements and work, world-view and spiritual life we now present as an encounter – we hope as an encouragement to friendship – something for which there is still no term despite nearly fifty years of endeavour: is it *auteur* jewellery, studio jewellery, artist-designed jewellery, body art? Or simply good jewellery; that would seem to us most apposite.

Special thanks go also to Dr Christoph Thun-Hohenstein, director of the Museum. Jewellery is presentation and there can be no better arena for it than the MAK – Austrian Museum of Applied Arts / Contemporary Art in Vienna.

Most essentially, my gratitude – as is probably also the case with most of our friends, the ladies and gentleman who make jewellery – is owed to my wife. For more than three decades she has maintained contact with them and their exhibitors and curators and the men and women who are heads of museums. She has also lent unity to the numerous, occasionally spontaneous purchases thought in the old days to be crucial to beauty. First and foremost, however, she wears the jewellery with all the naturalness and lack of fuss and bother one is expected to demonstrate when one is doing something unusual. That too should be accompanied by delight.

What sparked off my interest in jewellery was a concern to give my wife something through which I might hope she would realise how much it matched my affection for her, also the promise of constancy in this feeling. It should not slacken through the years even though the meaning and the world of ideas in which it was embedded might change, also with changed semantic content, especially since that is variously added to it by the woman who wears it and the viewer who sees her wearing it but is never meaningless. This is a problematic reality, which, however, contains what I later came to know under the term 'inner necessity'.

In my very first catalogue essay I tried to make jewellery understandable in explanations, concisely formulated ontological judgements, perhaps also descriptions of its essence. Through a typo that can no longer be rectified, 'child' was substituted for 'dress' to produce the sentence: 'Jewellery in a display case is like a child in a wardrobe.'

Every error that is spotted is a step towards grasping a situation. Towards the close of the 1960s, some jewellery-makers wanted to give their child a form that would prevent it from being fettered by prejudices that have persisted for a thousand years in Western society. All the old purposes for jewellery, such as investment, badge of status, the patterns of beauty prescribed by convention and fashion, and its merely momentary fascination were irrelevant. As parents they regarded their real and successful struggle that involved the deployment of all their strength to achieve something new which would be humanly wearable and sustainable as sufficient genetic manipulation. No specific planning documents and manifestos accompanied that act of procreation even though it is nonetheless possible to trace its beginnings.

So what were the child's traits, as well as its ambitions?

Its chances of survival, hampered by the ugly yet immutable name 'jewellery' [adornment], were only guaranteed if substance, an essence of its own, were to be given to it. It was no longer to be – no longer wanted to be – viewed as a contingent ac-

~~'Fine art, on the other hand, is a type of presentation~~ 'Jewellery, on the other hand, is an object that is in itself functional although without purpose; nonetheless it fosters the culture of the emotional powers of social communication.'

Immanuel Kant, Critik der Urtheilskraft [Critique of Pure Reason], Berlin and Libau, 1790 A 176 (Berlin, 1793 B 179) as adapted by the author

cessory, as *accidens*, something to be best left off. If made by people for people, it was directly part of them and should not be discarded by intellectuals, those who have always regarded themselves as leaders, as prudently making provision for the future.

Its essentiality should, as was the view, be discernible in the fact that primal forms of it appeared synchronously with human speech, the very first thing made along with lethal weapons. If Joseph Beuys could say 'art = human being', it was even more valid to say 'jewellery = human being'.

According to Ramon Llull (Raimundus Lullus, *Ars brevis*, 1308), man is 'a sensory being that makes itself human',[1] as another translation has it, a sensory being that imparts humanity.[2]

Historically speaking, jewellery begins with becoming human, but this occurs today and every day, always beginning anew over and over again. Refusing to accept that is a craven and pointless suppression of truth. How could an achievement that has provided so many possibilities for people to show themselves as human and to prove that they were human be fobbed off as a peripheral parergon, a mere accessory?

The fundamental quality of unmediated human essence was, so it seems, lost at that cultural stage at which jewellery was no longer given to the dead as grave goods.[3] Religion and ethics then made it their mission to disparage jewellery even in this earthly life as an impediment to eternal life.

The child was bold and it still needs some courage even today although it has grown up. Should it be possible to realise the old ideal of perfection, of joyful communal feeling and consolation where the emotions are strongest, in a field that is universally regarded as fertile soil for deceptive appearances, for temptation, vanity and greed, even as a sign of exploitation? The treatment of jewellery by the great and the good is sobering. Plato equates the art of adornment with hollow rhetoric, flattery that is, without exception, reprehensible. What is pleasing is not the good.[4]

In *De consolatione philosophiae* (AD 524) Boethius has reassured intellectuals, with the probable exception of men and women who wear jewellery, down through the centuries. The gleam of precious stones does not belong to animate, sentient Nature, hence ranks far below man's good qualities (an opinion which has occasionally been shared by more recent jewellery-makers), and to adorn oneself with the works of a stranger's talent is a transgression.[5]

Friedrich Schiller has the head of the Order say in *Kampf mit dem Drachen* [*The Fight with the Dragon*]: 'Obedience is the Christian's adornment.' Schiller is evidently building on Martin Luther.[6]

As an older man, Goethe's Faust succeeds in seducing an innocent fourteen-year-old with the aid of two jewellery boxes made available by the Devil.[7]

Jewellery is not handled separately in the *Allgemeinen Theorie der schönen Künste* [*Universal Theory of the Fine Arts*], despite the fact that a theory of that kind was formulated by men as well-disposed to it as Johann Georg Sulzer (first in 1774) and is constantly being added to.

Despite years of searching I have found only one man among philosophers and aesthetes who has a positive attitude to jewellery. According to K.W.F. Solger (1780–1819), love for jewellery has a noble source even in mundane life.[8]

The child's parents were not aware that there was a problem, and many simply continue to blank out an unpleasant history. Innocence is lovable and fascinating, but in today's society it no longer possesses any particular charm.

Even without denying its long pedigree, the child was supposed to launch in the world its parents' yearning for freedom and to such an extent that it was given up for adoption. Surprisingly, the parents ran only a slight risk in so doing. Once out of the wardrobe, the child was so free, being on occasion even quite unruly, that it could only be accepted by those who were also free, who pursued no other end than playing with the child, delighting in its capers, and this both at home and publicly, also in the hope that it might grow up in society. Is it freedom not self-determination that is infinite in itself? Do not the feeling for and awareness of freedom beautify everything and does not lack of freedom make everything ugly?[9] 'What more felicity can fall to creature than to enjoy delight with liberty.'[10]

In their naive and only rarely excessive pride, the parents were of the opinion that their children would be welcomed with open arms as offspring with a future by those whose ultimate concern was with what was important and good, particularly since freedom was a basic right that was to be valued by all alike. Although they were nothing but children of the love for humanity, they were endowed in their cradles with equality of value and opportunity and with it that unity which, according to the classical definition, makes diversity beautiful and safeguards it from the infernal dragon of chaos.

Admittedly, children are sent into the world with the humanity of their progenitors, but that is not a burden. They are open to the world of their adopted parents' views, indeed furthermore in fact to everyone, and they are only too willing to help bear the burden of what depresses them. After all, it is the privilege of children to remind us of cheerfulness, eternal youth, the substance of life, as well as growth, the possibility of evolution and sometimes also of death. Freedom is above all freedom from fear, even from uncertainty and from the end. Jewellery protects.

Why do children still find so few parents willing to adopt them? After all, they have the will to help their adoptive parents in perfecting themselves in a communal staging of joy. Even those children who appear to be rough and unruly possess innately the idea of order, and they are probably well aware of their own limitations since in the eyes of their adoptive parents they can never be more than the creation of their natural parents. If they have a purpose, it is to be available to their adoptive parents (and now in their parents' museums) for quite some time still and to recall their making of themselves into human beings, to recall what is valuable in human beings and in their lives. This also entails mastery of the materials of which they have been formed, of matter. A few parents even believe that they are on the same level as the material to which they give form and that they must enter on dialogues with it and engage with it in mutual understanding. Some parents also believe they can best match their concern with representing equality by choosing perishable materials. It would almost seem that people's love for each other also embraces love for material, hence also for Nature with its marvels and laws. How otherwise can we explain that children so often are made of the same traditional work materials but then are also worked of materials that until then have been used for other purposes, or of new kinds of materials or even materials invented by their parents. Hybrid configurations are not hubris; after all, some children are in fact made of objets trouvés and flotsam and jetsam, even rubbish for that matter.

Every design is delimited by the human figure and probably also by human thinking.

Thus the handicap under which the children labour can also be paraphrased. They are well aware that they have been created for people. Bound by human scale and proportion, those children need closeness and attention from people. Only when they have those can they fulfil their purposes – and they do, after all, ultimately have purposes. They want to be shown and this with a matter-of-factness based on the universally acknowledged truth that Nature may freely be supplemented. Today it is taken for granted that children want to make themselves liked even on a first encounter and indeed by everyone, and they should do so, even though Socrates (Plato) and Kant do not want it that way. When what is pleasing builds on a freedom that takes equality into consideration, being pleasing is no longer to be scorned but has become a feeling of belongingness, of sympathy. Everyone is then entitled to set up his own system based on this unity and make content intuitively accessible to more lofty flights of thought.[11]

Basing action on an array of ordering principles accompanied by values, too, usually drawn from an individual's better life but also from society as a whole, is also part of being human and making oneself human. After all, we are also called animate and sentient beings. Just feeling and thinking on the basis of those higher values also give pleasure, particularly also when new and surprising turns are discovered and revealed to have taken place in those systems. On the whole, such unexpected changes tend to be more meaningful and important than what is merely pleasing even though that, too, is now contested.

Those conceptions of order, formerly called ideas, are often impossible to capture in words. And, although they create rules, the creative people who bring those rules into the world do not know how this has happened.

So the parents should not be blamed for sending their children into the world not just with the intention of immediately giving pleasure according to the laws of perceptual psychology, nor should they be blamed for regarding it as a natural concern to provide their children with content that they consider definitive and essential for themselves and also for others. It used to be said 'individuum est ineffabile', the individual is ineffable. This can, after all, be shown in visual terms and also be made clearer through objects for those who are receptive. Might this approach succeed in bridging the gulf between spirit and matter?

Since the 1960s parents have been of the opinion that they should in fact equip their children with qualities of their own and, should this be done, probably also with what is characteristic of their time, in any case also with those same ineffable ideas of what is universally valid – that is, what is true and right in life, whether proportion is enough to convey insights, whether knowledge or emotion ranks higher on the scale, what should be done and what hopes exist, all this with forms and colour as their means, all this against the lively backdrop of their adoptive parents. The children are colourfully embroidered with these contemporary yet timeless ideas – that is, definitely cheerful but not always. Melancholy and gloomy children find plaintive adoptive parents.

Adoptive parents are not bound by the ideas of their children's progenitors. If a child is respected, even misunderstanding ceases to be a problem. Thus adoptive parents can take the children into the entirely different world of their emotions and thinking and no system is closed. All those into whose sphere the child happens to enter are permitted to give themselves up to observations of their own and to delight in reflection in their own imagination. Surely one enjoys growing accustomed to original children; they enlarge one's circle of acquaintances.

What makes the parents, who quite obviously come from all corners of the earth, the adoptive parents and the children into a family, always with the hope of enlarging it? The systems designed by the parents are manifold, simply due to their variegated origins, and the values are, most fortunately, diverse. But then there should be something that makes for unity, although with as much freedom as possible.

What is at stake here is not knowledge but *a priori* knowledge, of which my wife and I believe is still extant and which since time immemorial has been called 'humaniora', 'humanity', that is 'on the one hand, the universal feeling of sympathy'; it could also be called warm-heartedness, benevolent feelings for one's fellow man, 'on the other, the capacity for being able to communicate most intimately and universally.'[12]

Both constantly lead back to beginnings and the necessity for rethinking, but that is, after all, what makes the children so delightful, especially when they appear on the scene with the present-day understanding of form and the way of thinking. Neither a specific system nor a particular rhapsody – and, be it ever so seductive – no single answer that resolves everything can be cited, nor should it be. However, the thing to do is, very simply, to tend and to cultivate the humane *a priori* knowledge, which, in the effect it has, may perhaps even be humanitarian. Every one of us must work at opening up the world of their thoughts to others in such a way that the latter may enter into it, bringing with them their own imaginings, all this to be done considerately and decently. Precisely that is the basic task of culture and, therefore, absolutely directly, that of jewellery. Intellectuals are duty bound to more than a little black dress, a slim silver bracelet and a dark suit.[13] In the community, one is under an obligation to reveal oneself in one's true colours. Only showing a feeling for form and for castles in the air and, with them, an essential part of one's character – but also acceptance of unfamiliar self-expression – leads in the direction of sympathy.

If it is the destiny of children to develop in the community, what is then the point of adopting children in such large numbers that they can no longer appear in public together with their adoptive parents, since anything else, including being shown in a display case, is the same as being locked away in a wardrobe?

Despite all these reservations, adopting children with their doubts and affected posing in front of the mirror gives joy and provides an opportunity to rethink oneself and the world, but always with the hope of transmitting this joy. Is the so subjectively designed and chosen child publicly presentable? Is it sufficiently good-looking and expressive and does it have values such that it will be acknowledged without further ado and with the necessary appreciation as a being rather than an object? Surely parents must know that taste virtuosi are not accounted among the virtuous.[14]

Like birth parents, adoptive parents are convinced that children possess the excellent quality of being able to show humanity in such a way that it can be shown and actually should be shown. This must, however, be constantly confirmed and certified to the parents, otherwise their procreativeness and motherliness come to an end for extrinsic and intrinsic reasons. The only way is adoption, even with the risk that the adopted children will only rarely breathe fresh air. One may, one should, pay for these children. When the adoptive parents are aware that the birth parents always remember the conception and birth of their children and that those children's well-being remains close to their hearts, firm friendships can come about, supportive friendships.

Even the new jewellery is unable to unite the good, the true and the beautiful in a single object. To the contrary, it will often show fault lines and may perhaps end in an irresolvable internal contradiction but at least not without joy or hope. Perfection is unattainable but friendship is within our grasp.

Is this essay nothing but an explanation for my gratitude for being able to take part in the adventure of what is happening in jewellery, being able to acquire inalienable valuables (there is no secondary market), for being able to wear jewellery and now to exhibit it? If so, it would have just about fulfilled its purpose.

Karl Bollmann
January 2015

1 Raimundus Lullus, *Ars brevis*, Latin - German, translated into German by Alexandra Fidora, Hamburg, Meiner 1999, p. 62: 'De quarto subiecto, quod est homo: Et definitur sic: Homo est animal homificans.'

2 Raimundus Lullus, *Die neue Logik. Logica Nova*, Hamburg, Meiner 1985, licensed edition 2002 for the Wissenschaftliche Buchgesellschaft, translated into German by Vittorio Hösle and Walburga Büchel, p. 23: 1st part on the tree, 5th on Man.

3 Viewed from today's standpoint, however, jewellery as grave goods is problematic. Is the hero who has earned such expensive gold jewellery to be better off in the other world? Doesn't the rat race stop even there? Even the best jewellery is the work of man for human beings. It must make a contribution in this world to universal aesthetic pleasure and thus to well-being.

4 *Socrates* in Friedrich Schleiermacher, *Platons Werke. Zweiten Theiles erster Band* [Plato, Works, Vol. I, Part 2] Berlin, Realschulbuchh. 1805, p. 55 (465); English translation of *Gorgias* by Benjamin Jowett (1817–1893), http://www2.hn.psu.edu/faculty/jmanis/plato/gorgias.pdf, p. 79, col. 2: 'Cookery, then, I maintain to be a flattery which takes the form of medicine; and tiring [adornment], in like manner, is a flattery which takes the form of gymnastic, and is knavish, false, ignoble, illiberal, working deceitfully by the help of lines, and colours, and enamels, and garments, and making men affect a spurious beauty to the neglect of the true beauty which is given by gymnastic.'

Kant distinguishes four types of pleasure: pleasure in what is pleasant, in what is beautiful, in what is sublime and in what is good. Pleasure in what is pleasant: the transitory, thoughtless feeling of well-being that is likely to wear out so quickly and requires constant amplification places man on the same footing as animals has therefore nothing with the nobility aspired to by Kant.

At the outset, the new jewellery is likely to have generated pleasure only in the sublime - like pure fine art, then and now, which is no longer beautiful. The new jewellery should, optimally, provide all four pleasures, with exceptions, of course.

5 Boethius, *Trost der Philosophie* [*de consolatione philosophiae*] translated into German by Olof Gigon, Munich, dtv 1991, 5.P. 100–105, p. 101. English: http://www.gutenberg.org/files/14328/14328-h/14328-h.htm#Page_27: translated into English prose and verse by H.R. James, M.A., London, 1897: Book II, V.: 'How extravagant, then, is this error of yours, in thinking that anything can be embellished by adornments not its own. It cannot be. For if such accessories add any lustre, it is the accessories that get the praise, while that which they veil and cover remains in its pristine ugliness.'

6 Dr Martin Luther, Predigt zum 15. Sonntag nach Trinitatis [Sermon on the 15th Sunday after Trinity] (Mat. 6/24–34).

7 Johann Wolfgang von Goethe, *Faust. Der Tragödie erster Teil*, The beauty of youth does not suffice.

Margarethe:
If only the earrings were mine!
One looks at once so different in them.
What does beauty, does young blood help?
That is all well and good,
If one also lets everything be;
One praises you half in pity.
Everyone rushes for gold,
Everything depends on gold
But everything. Alas we poor creatures! (2796–2804)

Faust:
Devil, do not just a milksop be!,
and bring us here new jewellery! (2859–2860)

Mephistopheles, the Devil, declares his willingness to do so but is surprised at the prodigality of the love-smitten young man.

8 Karl Wilhelm Ferdinand Solger, *Vorlesungen über Ästhetik*, Leipzig, Brockhaus 1829, pp. 102–03: 'The noble thing that lies in the desire for adornment is the intuition that the beautiful might be reconciled with mundane life. A dislike of adornment leads to manifest savagery.'

9 Karl Rosenkranz, *Ästhetik des Häßlichen,* Königsberg, Bornträger 1853, p. 27.

10 Edmund Spenser, *Muiopotmos, or The Tale of the Butterfly*, London, Ponsonbie 1591; John Keats as the motto for his *Poems*, London, Ollier 1817.

11 Gustav Theodor Fechner, *Vorschule der Ästhetik*, Leipzig, Breitkopf & Härtel 1876, II, p. 94, quotes Goethe (Propyläen, p. 36): 'Fine art should not just speak to the spirit extrasensorily; it should satisfy the extrasensory percept itself. The spirit may then join it and not withhold its applause.' Today that is a privilege reserved for jewellery, one which is no longer conceded to fine art.

12 Kant, *Kritik der Urtheilskraft* (*Critique of Judgment*: KdU), A 258, 259, B 262.

13 Fechner 1876 (see note 11), p. 222. Fechner deplores the drabness of general appearances. 'Our time, our formation, has, so to speak, become increasingly abstract. The man of higher rank, indeed the man who sets fashions, now attaches less importance to external appearance and no longer desires to attract and dazzle through them. Because he avoids external brilliance and adornment, attention is directed of its own accord more to his inner worth; however, even he who has no inner worth wants to gain the semblance of it by imitating external modesty; thus the use of black formal clothing by men has been able to become increasingly widespread and ultimately the obligatory fashion. Women, on the other hand, take more joy in appearances than men do and are relatively more dependent on attracting through their looks; hence they cannot so easily relinquish as much of it as men can. However, on the whole, women's clothes here have become increasingly monochrome and the colours on them increasingly inconspicuous.'

14 According to Kant, intellectual interest in the beautiful cannot be perceived as morally good, despite what some maintain. 'Not without reason have they been refuted by others who rest their case on the experience that virtuosi of taste, who are not only quite often, but more probably usually, vain, opinionated and given over to perverted passions, might be even less able than others to lay claim to the benefit of adhering to fundamental moral principles.' (KdU, B 165)

Die Schmuckträgerinnen und -träger haben die Schmuckstücke selbst ausgewählt, ebenso wie die ihnen zur Seite gestellten Gedanken darüber, was Schmuck ist oder sein kann. Diese stammen, sofern sie nicht mit Initialen versehen sind, von Karl Bollmann. Er hat auch die Zuordnung der Gedanken zu den übrigen Abbildungen vorgenommen. Auf die Datierung der Stücke wurde zugunsten der Fokussierung auf Positionen und Entwicklungen zeitgenössischen Autorenschmucks verzichtet.

The wearers of the jewellery chose the pieces themselves, likewise the accompanying idea on what jewellery is or can be. These stem – provided they have not been given initials – from Karl Bollmann, who has also assigned the thoughts to the remaining images. The dating of the pieces was abandoned in favour of focusing on the positions and developments of contemporary auteur jewellery.

SAMMLUNG BOLLMANN
BOLLMANN COLLECTION

Schmuck ist …
Jewellery is …

Schmuck ist Forma – und das ist auch Schönheit – und der Mensch

Jewellery is forma – and that, too, is beauty – and so is man

MANFRED NISSLMÜLLER (*1940 Österreich), Collier, Messing vergoldet, 200 x 165 x 95 mm
(*1940 Austria), Necklace, brass-gilt, 200 x 165 x 95 mm

Schmuck ist eine Erinnerung an das Leben – Poesia Visiva

Jewellery is a remembrance of life – Poesia Visiva

MIRELLA BENTIVOGLIO (*1922 Italien), Ring *Promessa con promessa = compromessa*, Gold, Papier, 18 x 18 x 28 mm
(*1922 Italy), Ring *Promessa con promessa = compromessa*, gold, paper, 18 x 18 x 28 mm

1970 – 1999

Schmuck ist die Ausstellung des Einzelnen für Zwei oder Viele

Jewellery is the exhibition of the individual for two or many

PETER SKUBIC (*1935 Serbien, lebt und arbeitet in Österreich), *Strohhalmkette*, Gold, Edelstahl, Kardangelenk, 52 Glieder, 1.500 x 3 mm (*1935 Serbia, lives and works in Austria), *Straw Necklace*, gold, stainless steel, cardan shaft joint, 52 chain links, 1,500 x 3 mm

TAKAO MITSUYASU (*1944 Japan), Brosche, Aluminium, 65 x 75 x 12 mm
(*1944 Japan), Brooch, aluminium, 65 x 75 x 12 mm

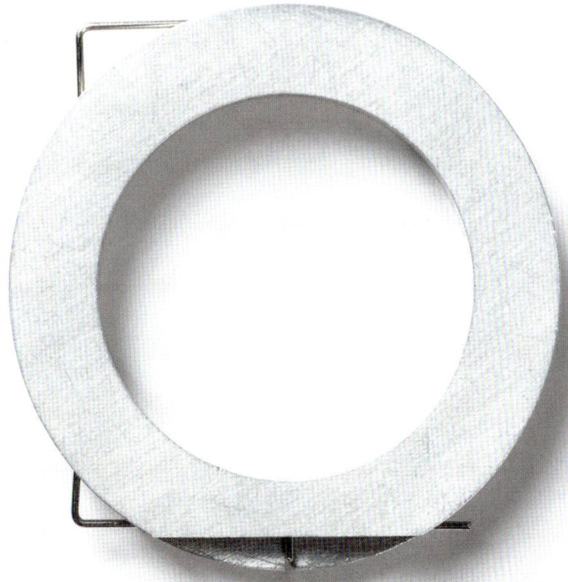

Schmuck ist Synthese
Jewellery is synthesis

GERT MOSETTIG (*1947 Österreich), Brosche, Aluminium, Edelstahl, 50 x 7 mm
(*1947 Austria), Brooch, aluminium, stainless steel, 50 x 7 mm

Schmuck erleuchtet sich und alle mit dem Unendlichen, eine Erweiterung des M'illumino d'immenso

Jewellery illuminates itself and everyone with the infinite, an expansion of the m'illumino d'immenso

CLAUS BURY (*1946 Deutschland), Zwei Broschen, Silber, Gold, Kupferlegierungen, 150 x 50 x 3 mm und 80 x 32 x 2 mm
(*1946 Germany), Two brooches, silver, gold, copper alloys, 150 x 50 x 3 mm and 80 x 32 x 2 mm

Schmuck ist das selbstständige Objekt des selbstständigen Subjektes

Jewellery is the autonomous object of the autonomous subject

LEONHARD STRAMITZ (*1945 Österreich), Brosche, Silber, Gold, 52 x 55 x 2 mm
(*1945 Austria), Brooch, silver, gold, 52 x 55 x 2 mm

Schmuck ist die in sich ruhende Form mit ständig wechselndem Glanz

Jewellery is self-contained form with constantly changing brilliance

KARL VONMETZ (*1950 Österreich), Brosche und Anhänger, Silber, 60 x 40 x 5 mm
(*1950 Austria), Brooch and pendant, silver, 60 x 40 x 5 mm

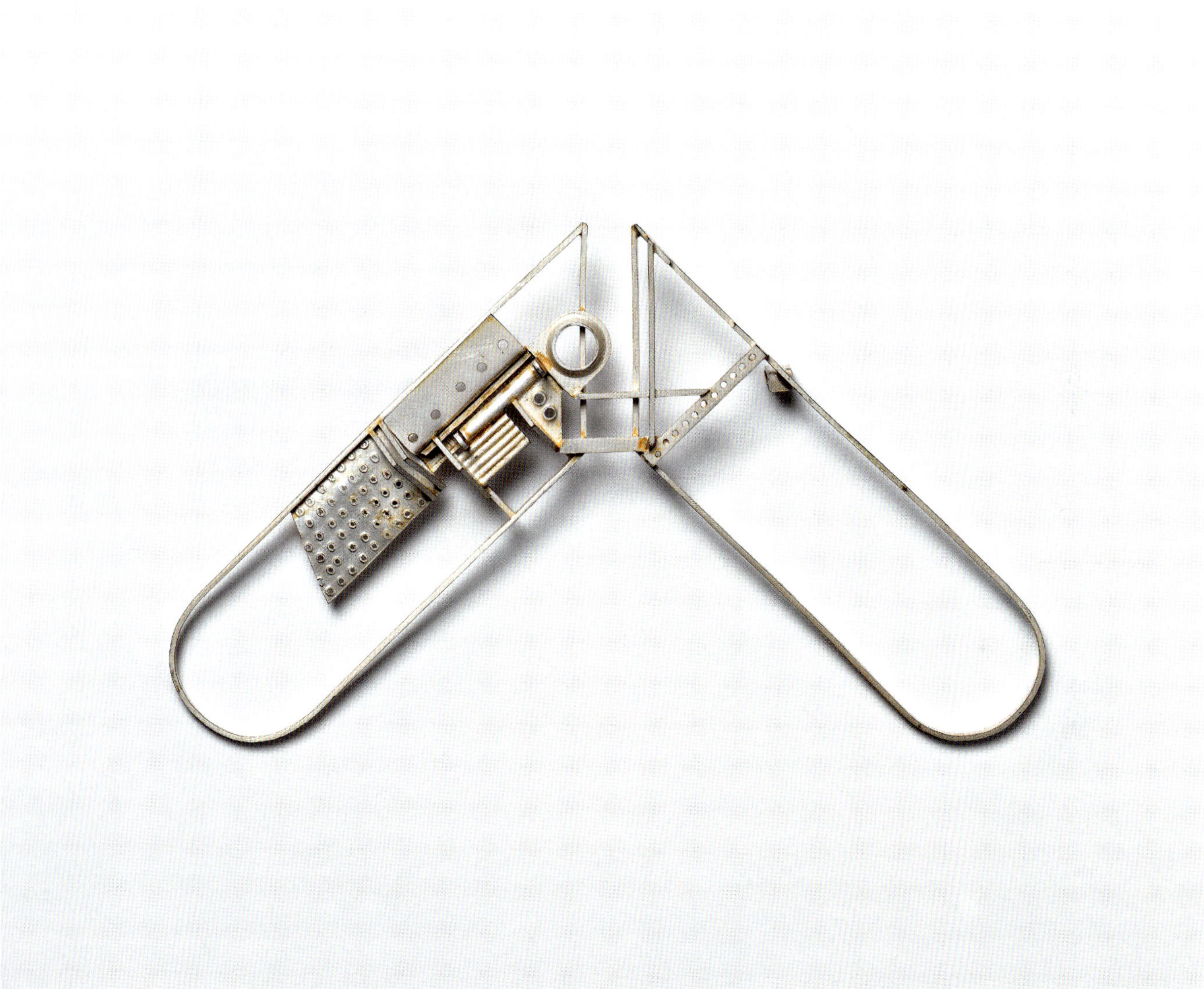

Schmuck ist das erste Zeichen der fantastischen Ordnung

Jewellery is the first sign of the fantastic order

ANTON CEPKA (*1936 Slowakei), Brosche, Silber, 75 x 75 x 100 mm
(*1936 Slovakia), Brooch, silver, 75 x 75 x 100 mm

Schmuck ist dreidimensional, Höhe, Breite und wechselnde Tiefe

Jewellery is three-dimensional, height, breadth and changing depth

GEORG DOBLER (*1952 Deutschland), Armreif, Messing vergoldet, 70 x 70 x 70 mm
(*1952 Germany), Bracelet, brass-gilt, 70 x 70 x 70 mm

Schmuck ist der Zusammenhang der Natur mit der Geisterwelt

Jewellery is the link between Nature and the spirit world

IN ANLEHNUNG AN/BASED ON F. W. J. VON SCHELLING, *CLARA ODER ZUSAMMENHANG DER NATUR MIT DER GEISTERWELT. EIN GESPRÄCH*, 1809–1812

MIRIAM SHARLIN (*1952 USA), Kette, Gold, Tombak, 220 x 150 x 2 mm
(*1952 USA), Necklace, gold, tombac, 220 x 150 x 2 mm

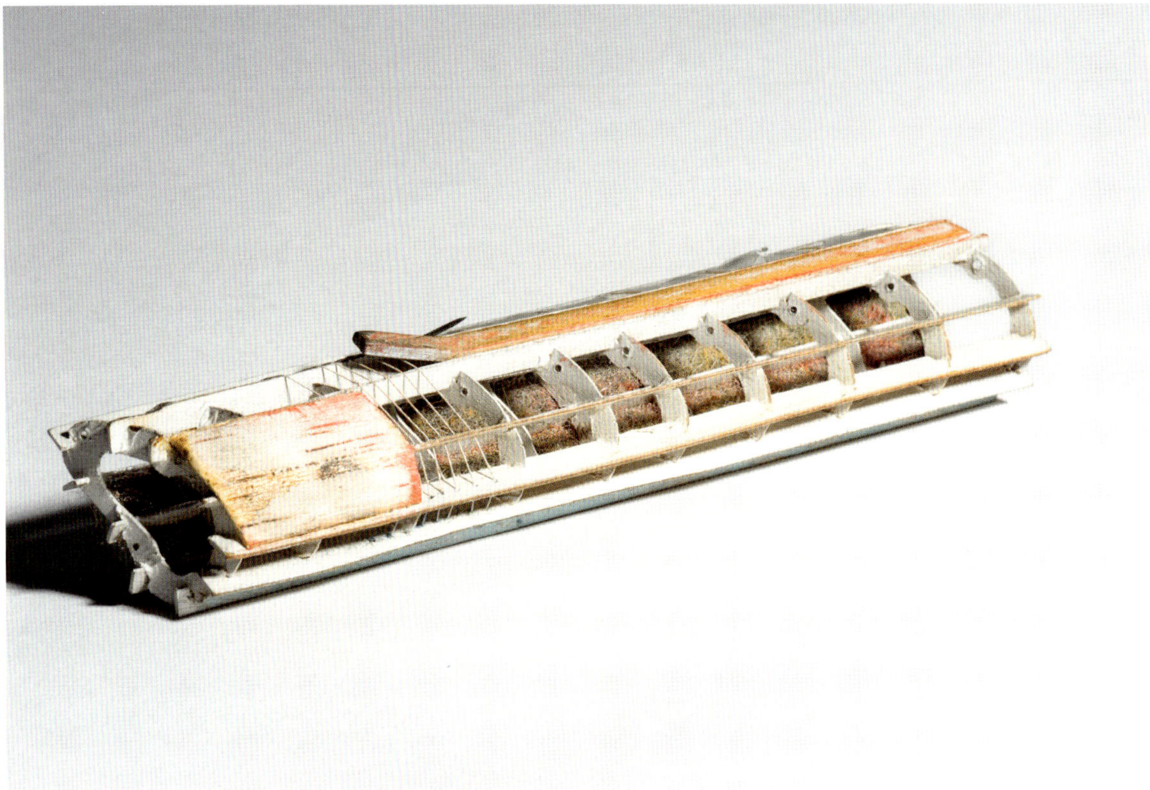

Schmuck ist alles, und häufig ein technischer Traum

Jewellery is everything and frequently a technical dream

KLAUS ARCK (*1956 Deutschland), Brosche, Balsaholz, Pappmaché, Filz, 150 x 40 x 30 mm
(*1956 Germany), Brooch, balsa wood, papier mâché, felt, 150 x 40 x 30 mm

Schmuck ist die Suche nach dem Guten, aber man muss es in sich haben

Jewellery is the quest for the good, but one must have it in one

WERNER SCHMEISER (*1940 Österreich), Drei Broschen auf Kupferplatte, Gold, Silber, Email, Kupfer, Platte: 110 x 110 x 3 mm, Broschen: je 40 x 40 x 2 mm
(*1940 Austria), Three brooches on a copper plate, gold, silver, enamel, copper, plate: 110 x 110 x 3 mm, brooches: each 40 x 40 x 2 mm

Schmuck ist der Glanz im Ausdruck der Gefühle

Jewellery is the brilliance in the expression of feelings

ARLINE FISH (*1931 USA), Armband, Gold gewebt, Silber geschwärzt, 110 x 75 x 15 mm
(*1931 USA), Bracelet, gold woven, silver blackened, 110 x 75 x 15 mm

ULRIKE JOHANNSEN (*1959 Deutschland, lebt in Österreich), Collier *Die Fresser*, Silber, Kupfer, künstliche Rubine, 400 x 300 mm
(*1959 Germany, lives in Austria), Necklace *The Devourers*, silver, copper, synthetic rubies, 400 x 300 mm

Schmuck ist das Bekenntnis zum Menschsein
Jewellery is the commitment to being human

ANTONIA V. BRAUN (*1963 Deutschland), Kette *Frau*, Plexiglas, Holzmaché, Lack, Silber, acht Glieder, L 540 mm
(*1963 Germany), Necklace *Woman*, perspex, paper clay, lacquer, silver, eight chain links, L 540 mm

Schmuck ist die Verbindung durch mythische Form
Jewellery is linkage through mythic form

LISA SPIROS (*1959 USA), Anhänger, Silber, Stahldraht, 115 x 25 x 25 mm, Kette: L 1.110 mm
(*1959 USA), Pendant, silver, steel wire, 115 x 25 x 25 mm, chain: L 1,100 mm

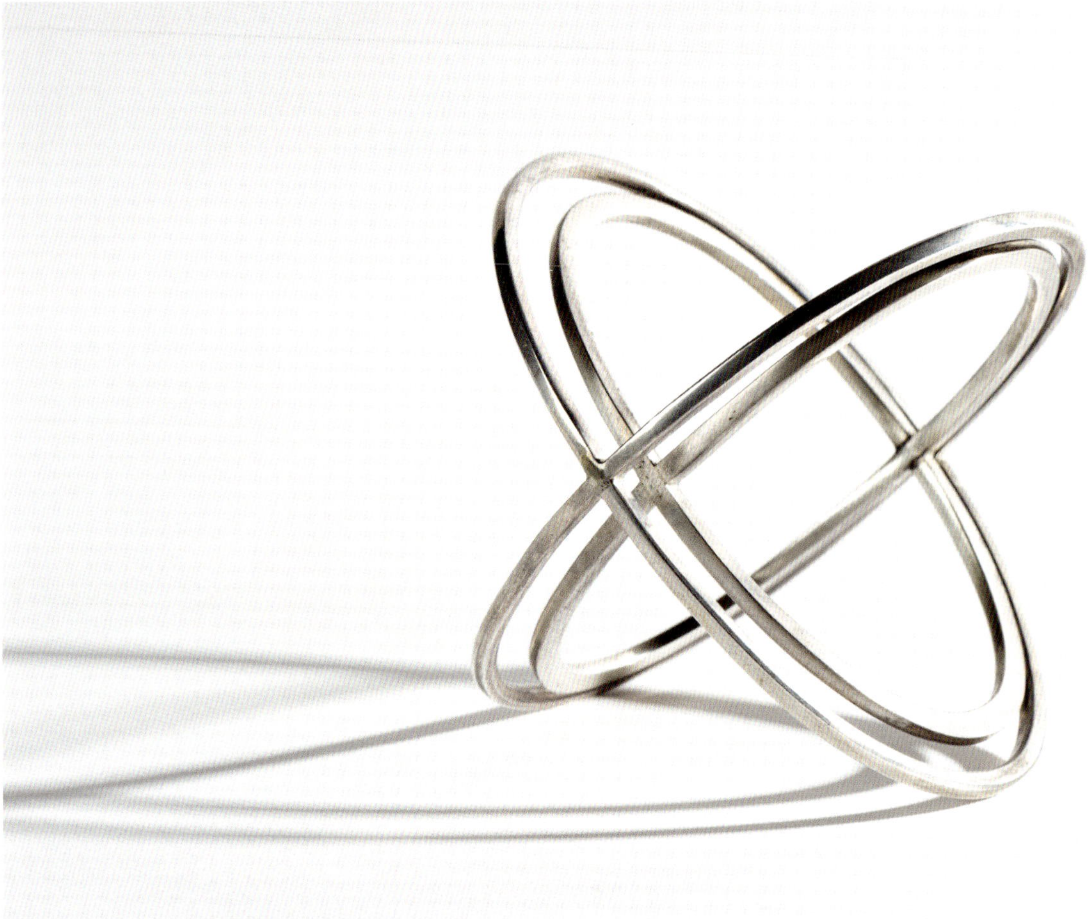

Schmuck ist das Singuläre im bewussten Kollektiv

Jewellery is the singular in the conscious collective

ANGELA HÜBEL (*1956 Deutschland), Armreif, Silber, 120 x 120 mm
(*1956 Germany), Bracelet, silver, 120 x 120 mm

Schmuck ist voll von Zweifeln, aber noch immer das beste Ergebnis der Geschichte

Jewellery is full of doubts but still the best outcome of history

JOACHIM BAUR (*1957 Österreich), Brosche und Ring, Brosche: Medaille mit Sägeloch, Silber, 38 x 1 mm, Ring: Medaille geschmolzen, Silber, 30 x 13 mm
(*1957 Austria), Brooch and ring, brooch: medal with sawed hole, silver, 38 x 1 mm, ring: melted medal, silver, 30 x 13 mm

Schmuck ist das erlaubte Zeichen der Beseeltheit und der Seligkeit, das nicht nur Engeln gehören soll

Jewellery is the sign permitted to soulfulness and blessedness, which should not belong to angels alone

ERNA MASAROVIČOVÁ (*1926 Slowakei), Brosche *Frau auf Wolke*, Porzellan, Silberbesteck, 85 x 50 mm
(*1926 Slovakia), Brooch *Woman on Cloud*, porcelain, silver cutlery, 85 x 50 cm

Schmuck ist Mut, die Überwindung der Scheu
Jewellery is courage, the overcoming of shyness

RAMON PUIG CUYÀS (*1953 Spanien), Brosche, Silber geschwärzt, Plexiglas, 80 x 100 x 4 mm
(*1953 Spain), Brooch, silver blackened, perspex, 80 x 100 x 4 mm

Schmuck ist die erlaubte Virtuosität, weil immer ein Teil Natur bleibt

Jewellery is virtuosity that is permissible because a part [of it] always remains Nature

PAVEL OPOČENSKÝ (*1954 Tschechien), Brosche *Surell Formica*, Bakelit, 80 x 80 x 12 mm
(*1954 Czech Republic), Brooch *Surell Formica*, bakelite, 80 x 80 x 12 mm

BRUNO MARTINAZZI (*1923 Italien), Collier *Mela* [Apfel], Gold, Anhänger: 60 x 50 x 30 mm, Halsreif: 160 x 140 x 3 mm
(*1923 Italy), Necklace *Mela* [apple], gold, pendant: 60 x 50 x 30 mm, choker: 160 x 140 x 3 mm

Schmuck ist scheinbar unnotwendig und daher wesentlich
Jewellery is seemingly unnecessary, hence essential

MANFRED BISCHOFF (*1947 Deutschland, lebt und arbeitet in Italien), Brosche *L'homme da sisi (L'homme d'Assisi)*, Gold, Aluminium, Koralle, 130 x 120 x 10 mm
(*1947 Germany, lives and works in Italy), Brooch *L'homme da sisi (L'homme d'Assisi)*, gold, aluminium, coral, 130 x 120 x 10 mm

DANIEL KRUGER (*1951 Südafrika, lebt und arbeitet in Deutschland), Brosche *Masche*, Gold, Silber, 110 x 70 x 30 mm
(*1951 South Africa, lives and works in Germany), Brooch *Bow*, gold, silver, 110 x 70 x 30 mm

Schmuck ist die Disziplin des Schönen, die Sympathie erfährt

Jewellery is the discipline of the beautiful that is met with sympathy

JOHANNA DAHM (*1947 Schweiz), Brosche, Silber, Lack, 130 x 15 x 10 mm
(*1947 Switzerland), Brooch, silver, lacquer, 130 x 15 x 10 mm

Schmuck ist gefährlich, weil er beweist, dass Gefühle zu Gedanken werden

Jewellery is dangerous because it proves that feelings become thoughts

GUNDA MARIA CANCOLA (*1960 Österreich), Brosche *Je müder ich bin, desto lieber bin ich in Wien (Ernst Jandl)* in Lederetui, Kupferblech, Bronze, Silber, Brosche: 110 x 45 x 3 mm, Etui: 148 x 135 x 4 mm
(*1960 Austria), Brooch *Je müder ich bin, desto lieber bin ich in Wien (Ernst Jandl)* [The more tired I am, the more I prefer being in Vienna (Ernst Jandl)] in a leather case, copper sheet, bronze, silver, brooch: 110 x 45 x 3 mm, case: 148 x 135 x 4 mm

Schmuck ist mitunter eine prachtvolle Verhüllung, eigentlich ein Wundverband

Jewellery is on occasion a magnificent mantling, actually a bandage

ERIKA LEITNER (*1936 Österreich), Anhänger *Laufmasche*, Gold gestrickt, 70 x 55 x 2 mm
(*1936 Austria), Pendant *Ladder*, gold knitted, 70 x 55 x 2 mm

Schmuck ist der Schein, der das Menschsein beleuchtet
Jewellery is the make-believe that illuminates humanity

FRANCESCO PAVAN (*1937 Italien), Brosche, Goldlegierungen, 75 x 50 x 10 mm
(*1937 Italy), Brooch, gold alloys, 75 x 50 x 10 mm

Schmuck ist der Wille zur Anspannung und Ausgewogenheit

Jewellery is the will to tension and equilibrium

JOE WOOD (*1954 USA), Brosche, Silber, 150 x 65 x 5 mm
(*1954 USA), Brooch, silver, 150 x 65 x 5 mm

ANNAMARIA ZANELLA (*1966 Italien), Brosche *Graffiti*, Silber, Pigment, Niello, Email, 50 x 50 x 5 mm
(*1966 Italy), Brooch *Graffiti*, silver, pigment, niello, enamel, 50 x 50 x 5 mm

Schmuck ist weiter als das Land und offener als das Meer

Jewellery is wider than the land and more open than the sea

NORMAN WEBER (*1964 Deutschland), Brosche *Preziose 2*, Aluminium, Flock, synthetische Steine, Stahl, Gold, 129 x 100 x 34 mm
(*1964 Germany), Brooch *Preziose 2*, aluminium, flock, synthetic stones, steel, gold, 129 x 100 x 34 mm

JOYCE SCOTT (*1948 USA), Collier *Skelett*, Glasperlen, 400 x 300 mm
(*1948 USA), Necklace *Skeleton*, glass beads, 400 x 300 mm

JAMIE BENNETT (*1948 USA), Brosche, Email, Kupfer, Gold, 100 x 100 x 6 mm
(*1948 USA), Brooch, enamel, copper, gold, 100 x 100 x 6 mm
Der Abgebildete hat die Beifügung eines Subtitels „Schmuck ist..." abgelehnt
The person shown rejects the addition of the sub-caption 'Jewellery is ...'

MARI ISHIKAWA (*1964 Japan, lebt und arbeitet in Deutschland), Kette, Japanpapier, Silber, 800 x 30 mm
(*1964 Japan, lives and works in Germany), Chain, Japanese tissue paper, silver, 800 x 30 mm

BIRGIT WIESINGER (*1970 Österreich), Brosche *Abgrund*, Silber, Acryl, 60 x 70 x 18 mm
(*1970 Austria), Brooch *Abyss*, silver, acrylic, 60 x 70 x 18 mm

Schmuck setzt Zeichen
Jewellery sets examples

M. K.-F.

PETR DVORAK (*1954 Tschechien), *Trichtercollier*, Silber, Karbonkugeln, zehn Glieder,
33 x 45, 50 x 45, 45 x 40, 35 x 30, 37 x 85, 35 x 50, 27 x 58, 58 x 66, 38 x 50, 35 x 35 mm, L 550 mm
(*1954 Czech Republic), *Cone Necklace*, silver, carbon spheres, ten chain links,
33 x 45, 50 x 45, 45 x 40, 35 x 30, 37 x 85, 35 x 50, 27 x 58, 58 x 66, 38 x 50, 35 x 35 mm, L 550 mm

FLORIAN LADSTÄTTER (*1967 Österreich), Anhänger *Rüsselchen*, Swarovskiband, Kunststoff, Anhänger: 50 x 70 mm, Band: 1.000 mm
(*1967 Austria), Pendant *Little Trunks*, Swarovski tape, plastic, pendant: 50 x 70 mm, tape: 1,000 mm

SVENJA JOHN (*1963 Deutschland), Armband, Plexiglas, Aluminium, 70 x 70 x 70 mm
(*1963 Germany), Bracelet, perspex, aluminium, 70 x 70 x 70 mm

Projekt 2000

Schmuck zur Jahrtausendwende, die Möglichkeit, die Wirklichkeit, der Mensch

Bekannte Schmuckschaffende wurden zur Jahrtausendwende eingeladen, für die Dame des Sammlerpaares bei zugesichertem Ankauf völlig frei ein Schmuckstück anzufertigen. Nahezu alle Eingeladenen haben sich an dem Projekt beteiligt. Die 61 in diesem Rahmen geschaffenen Arbeiten sind nun erstmals gemeinsam ausgestellt, eine Auswahl wird hier präsentiert.

Das Projekt war ein doppelter Versuch:
- Eine Momentaufnahme frei gestalteten Schmuckes zur Jahrtausendwende.
- Führt die Umkehr des Wahlsystemes zu anderen Ergebnissen?

Die Beurteilung steht jedem offen.

(Karl Bollmann)

Project 2000

Jewellery at the turn of the century, the possibility, the reality, the people

For the turn of the millennium, renowned jewellery designers were invited to freely produce a piece of jewellery for the lady of the collector couple under guaranteed acquisition. Nearly all those invited participated in the project. The sixty-one works created for this project are now displayed together for the first time. A selection is presented here.

The project was a double endeavour:
- A snapshot of freely designed jewellery for the millennium.
- Does the change to the voting system lead to other effects?

The judging is open to everyone.

(Karl Bollmann)

2000

Schmuck ist der Glaube an den Wert
Jewellery is belief in value

UTA FEILER (*1941 Deutschland), Brosche, Gold, 52 x 48 x 6 mm
(*1941 Germany), Brooch, gold, 52 x 48 x 6 mm

Schmuck ist die erkannte Unvernunft der Schmucklosigkeit

Jewellery is the acknowledged irrationality of plainness

KARL FRITSCH (*1963 Deutschland), Brosche, alte Silberbrosche, Silber, Diamanten, Rubine, Saphire, 70 x 60 x 18 mm
(*1963 Germany), Brooch, old silver brooch, silver, diamonds, rubies, sapphires, 70 x 60 x 18 mm

THOMAS GENTILLE (*1937 USA), Brosche, Eierschalen eines Emus und eines Huhns, Holz, 240 x 40 x 25 mm
(*1937 USA), Brooch, egg shells of an emu and a hen, wood, 240 x 40 x 25 mm

Schmuck ist der Beweis, dass es in der menschlichen Beziehung keine Unmöglichkeit gibt

Jewellery is the proof that nothing is impossible in human relationships

SUSANNE HAMMER (*1960 Deutschland, lebt und arbeitet in Österreich), Drei Ringe *Die Quadratur des Kreises*, Gold, Silber, Edelstahl, Ringe: 20–30 x 25 mm, konisch, Box: 180 x 60 x 60 mm
(*1960 Germany, lives and works in Austria), Three rings *The Quadrature of the Circle*, gold, silver, stainless steel, rings: 20–30 x 25 mm, cone-shaped, box: 180 x 60 x 60 mm

Schmuck ist das Lied des Orpheus
Jewellery is the song of Orpheus

MARGIT HART (*1958 Österreich), Brosche, Gold- und Silberdraht, Eisen, Darm, Rohdiamanten, 110 x 20 mm
(*1958 Austria), Brooch, gold and silver wire, iron, intestine, raw diamonds, 110 x 20 mm

HELFRIED KODRÉ (*1940 Österreich), Kette *Goldbergvariation*, Gold, 40 Glieder, je 20 x 20 x 20 mm, L 630 mm
(*1940 Austria), Necklace *Goldberg Variation*, gold, 40 chain links: each 20 x 20 x 20 mm, L 630 mm

Schmuck ist die Verspottung des reinen Vernünftelns

Jewellery is the mockery of pure rationalisation

GABRIELE KUTSCHERA (*1950 Österreich), Kette *231241*, Gold, Eisen, Draht, Kette: L 1.400 mm, 13 Stäbe: je 100 x 10 mm
(*1950 Austria), Chain *231241*, gold, iron, wire, chain: L 1,400 mm, 13 bars: each 100 x 10 mm

Schmuck ist die Reversibilität, die Rückkehr mit neuem Gehalt und Sinn

Jewellery is reversibility, a return with new content and meaning

ANDREA HALMSCHLAGER-WETTER (*1961 Österreich), Armreif *Quastenflosser*, Silber, Dm. 70 x 60 mm, Brosche *Quastenflosser*, Silber, 130 x 50 x 2 mm, drei Seidentücher bedruckt mit Jahreszahlen und dem Quastenflosser, Seidengeorgette
(*1961 Austria), Bracelet *Coelacanth*, silver, diam. 70 x 60 mm, brooch *Coelacanth*, silver, 130 x 50 x 2 mm, three silk scarfs printed with dates and a Coelacanth, silk georgette

Schmuck ist Schmuck ist Schmuck ist Schmuck ist Schmuck...
Jewellery is jewellery is jewellery is jewellery is jewellery ...

B. D.

BRUCE METCALF (*1949 USA), Bild mit Halterungen für zwei Broschen, *Altar*, Holz bemalt, 190 x 280 x 20 mm, Brosche *Engel*, Holz, Lack, 95 x 100 x 20 mm, Brosche *Vogelkäfig mit Hand*, Messing, Kunststoff, 30 x 100 x 20 mm
(*1949 USA), Frame with mountings for two brooches, *Altar*, wood painted, 190 x 280 x 20 mm, brooch *Angel*, wood, lacquer, 95 x 100 x 20 mm, brooch *Birdcage with Hand*, brass, plastics, 30 x 100 x 20 mm

Schmuck ist die Symbiose von Mensch und Material

Jewellery is the symbiosis of man and material

T. B.

MANFRED NISSLMÜLLER (*1940 Österreich), Drei identische Broschen *An ungeraden Tagen zu tragen*, Feingolddraht, alte Fremdbroschen, je 50 x 50 x 50 mm
(*1940 Austria), Three identical brooches *To be Worn on Odd-Numbered Days*, fine gold wire, old unknown brooches, each 50 x 50 x 50 mm

Schmuck ist das Gleichnis der Gefühlserzählung
Jewellery is the metaphor for the emotive narrative

Schmuck ist die Vereinigung des Gedankens mit der Welt, des Ungemessenen mit dem Gemessenen, also mehr als Kunst, die nur der Treffpunkt dieser Zustände ist
Jewellery is the union of thought with the world, of the unmeasured with the measured, that is, more than art, which is merely the meeting point of those states

BETTINA SPECKNER (*1962 Deutschland), Brosche *4 Horizonte*, Fotomontage, Silber, Türkise, 65 x 65 x 3 mm
(*1962 Germany), Brooch *4 Horizons*, photomontage, silver, turquoises, 65 x 65 x 3 mm

KAROL WEISSLECHNER (*1957 Slowakei), Brosche *Sonne und Mond*, Gold, Silber, Topas, Aluminium, 110 x 100 x 28 mm
(*1957 Slovakia), Brooch *Sun and Moon*, gold, silver, topaz, aluminium, 110 x 100 x 28 mm

Schmuck ist immer gleichzeitig für alle,
wenn er auch nur für eine ist

Jewellery is always for everyone synchronously
even though it is only for one woman

GERD (GERHARD) ROTHMANN (*1941 Deutschland), Collier *Schmückendes und Philosophierendes*, Gold, Silber, Fingerabdrücke, zehn Glieder, eines in Gold, je 49 x 1 mm
(*1941 Germany), Necklace *Adorning and Philosophising*, gold, silver, finger prints, ten chain links, one in gold, each 49 x 1 mm

Schmuck ist das sinnlose Gezwitschere nach dem Sinn – die pure Freude

Jewellery is mindless twittering about meaning – pure joy

PHILIP SAJET (*1953 Niederlande, lebt und arbeitet in Deutschland), Kette, Perlmutt, Gold, 67 Elemente: je 3 x 3 x 3 mm bis 8 x 8 x 8 mm
(*1953 The Netherlands, lives and works in Germany), Chain, mother of pearl, gold, 67 chain links: each 3 x 3 x 3 to 8 x 8 x 8 mm

BERNHARD SCHOBINGER (*1946 Schweiz), Armreif *Sutra*, Gold, 80 x 80 mm
(*1946 Switzerland), Bracelet *Sutra*, gold, 80 x 80 mm

2001 – 2015

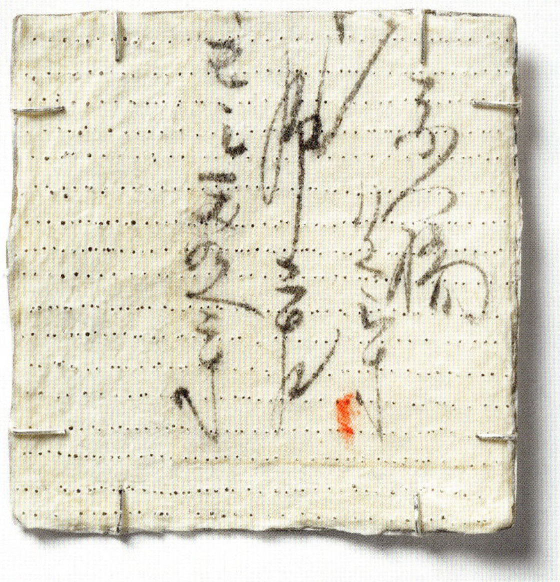

Schmuck ist der Wille zur besseren Welt
Jewellery is the will to a better world

KYOKO FUKUCHI (*1946 Japan), Brosche, Papier, Silber, 75 x 75 x 3 mm
(*1946 Japan), Brooch, paper, silver, 75 x 75 x 3 mm

Schmuck ist die Erhebung des Geistes zur Gleichheit des Wertes ohne Gleichmacherei

Jewellery is the elevation of the spirit to the equality of value without levelling down

Schmuck ist ein Mythos der Sentimente, eine Erzählung der Gefühle

Jewellery is a myth of sentiments, an emotive narrative

PHILIP SAJET (*1953 Niederlande, lebt und arbeitet in Deutschland), *Rost-Ring*, Gold, Eisen, Email, 45 x 50 mm
(*1953 The Netherlands, lives and works in Germany), *Rust Ring*, gold, iron, enamel, 45 x 50 mm

EVA TESARIK (*1957 Österreich), Zwei Broschen *Hölderlin*, Silber, Foto, Bergkristall, 40 x 25 x 5 mm und 45 x 25 x 5 mm
(*1957 Austria), Two brooches *Hölderlin*, silver, photograph, rock crystal, 40 x 25 x 5 mm and 45 x 25 x 5 mm

Schmuck ist die schuldige Unschuld jenseits des Paradieses

Jewellery is the guilty innocence on the other side of Paradise

MANFRED BISCHOFF (*1947 Deutschland, lebt und arbeitet in Italien), Ring *Spanische Chimäre*, Gold, Kopf: 40 x 22 mm, Ring: Dm. 20 mm
(*1947 Germany, lives and works in Italy), Ring *Spanish Chimera*, gold, head: 40 x 22 mm, ring: diam. 20 mm

Schmuck ist die Form, die auch ohne Inhalt existieren kann, für die aber immer der Inhalt gesucht wird

Jewellery is form that can also exist without content but for which content is always sought

KADRI MÄLK (*1958 Estland), Brosche *Medusa II*, Silber, Silberposamentrie, Gummi, 55 x 35 x 5 mm
(*1958 Estonia), Brooch *Medusa II*, silver, silver trimmings, rubber, 55 x 35 x 5 mm

Schmuck ist die Suche nach der wahren Ergänzung der Natur

Jewellery is the quest for the true complement of Nature

Schmuck ist der Zauber der natürlichen Unnatur

Jewellery is the enchantment of natural denaturation

RIAN DE JONG (*1951 Niederlande), Brosche *Takje met parels* [Zweig mit Perlen], Epoxyharz, Perlen auf schwarzer Koralle, Kupfer galvanisiert, 100 x 55 x 10 mm
(*1951 The Netherlands), Brooch *Takje met parels* [Twig with Pearls], epoxy resin, pearls on black coral, copper galvanized, 100 x 55 x 10 mm

SABINE KLARNER (*1957 Deutschland), Brosche *Hirschkäfer*, Himbeerrubin, Gold, Silber, Koralle, Diamanten, Amethyst, 45 x 48 x 16 mm
(*1957 Germany), Brooch *Stag Beetle*, raspberry ruby, gold, silver, coral, diamonds, amethyst, 45 x 48 x 16 mm

Schmuck ist die strahlende Blüte der geteilten Freude, der Liebe
Jewellery is the radiant bloom of shared joy, of love

MASAKO HAMAGUCHI (*1963 Japan, lebt und arbeitet in Großbritannien), Halskette *Chrysanthemum*, goldener Plastikfaden gestrickt, 86 x 40 mm bis 120 x 40 mm (gedehnt)
(*1963 Japan, lives and works in Great Britain), Necklace *Chrysanthemum*, golden plastic thread knitted, 86 x 40 mm to 120 x 40 mm (stretched)

Schmuck ist die Substanz der Gefühle
Jewellery is the matter of emotions

BEPPE KESSLER (*1952 Niederlande), Brosche _Keine Tränen mehr_, Balsaholz, bunte Glasperlen, Faden, 60 x 65 x 22 mm
(*1952 The Netherlands), Brooch _No More Tears_, balsa wood, multicoloured glass beads, thread, 60 x 65 x 22 mm

Schmuck ist das Entzücken des Menschen über seine Freiheit

Jewellery is man's delight in his freedom

KAZUMI NAGANO (*1946 Japan), Brosche, Gold-, Silber- und Farbdraht gewebt, 100 x Dm. 35 mm
(*1946 Japan), Brooch, gold, silver and coloured wire woven, 100 x diam. 35 mm

Schmuck ist das Weiche im Harten und das Harte im Weichen
Jewellery is softness in hardness and hardness in softness

ANDREA VILHENA (*1982 Österreich, lebt und arbeitet in Portugal), Brosche *Körperformen*, Stoff, Golddraht, 110 x 75 x 40 mm
(*1982 Austria, lives and works in Portugal), Brooch *Body Forms*, textile, gold wire, 110 x 75 x 40 mm

Schmuck ist vom Kunstbegriff unabhängig
Jewellery is independent of the concept of art

GIANCARLO MONTEBELLO (*1941 Italien), Armband *Superleggeri poignet* [Superleichtes Handgelenk], rostfreier Stahl, Lack, Goldklammern, 290 x 70 x 2 mm
(*1941 Italy), Bracelet *Superleggeri poignet* [Super Lightweight Wrist], stainless steel, lacquer, golden fasteners, 290 x 70 x 2 mm

Schmuck ist Ästhetik im Interesse Aller
Jewellery is aesthetics in the interests of everyone

HELFRIED KODRÉ (*1941 Österreich), Brosche, Silber, Gold, 75 x 75 x 7 mm
(*1941 Austria), Brooch, silver, gold, 75 x 75 x 7 mm

PETER CHANG (*1944 Schottland), Armreif, Kunststoff, 130 x 55 mm
(*1944 Scotland), Bracelet, plastics, 130 x 55 mm

Schmuck ist Lust – und das nicht nur am Angenehmen, Schönen, Guten und Erhabenen

Jewellery is pleasure – and not always in the pleasing, the beautiful, the good and the sublime

ANNA HEINDL (*1950 Österreich), Kette *Engelssamen*, Gold, Edelstahl, Perlen, Amethystperlen, Kette: 60 x 8 x 1 mm, Kugel: Dm. 17 mm, Anhänger: 40 x 20 mm
(*1950 Austria), Chain *Angel's Seed*, gold, stainless steel, pearls, amethyst beads, chain: 60 x 8 x 1 mm, sphere: diam. 17 mm, pendant: 40 x 20 mm

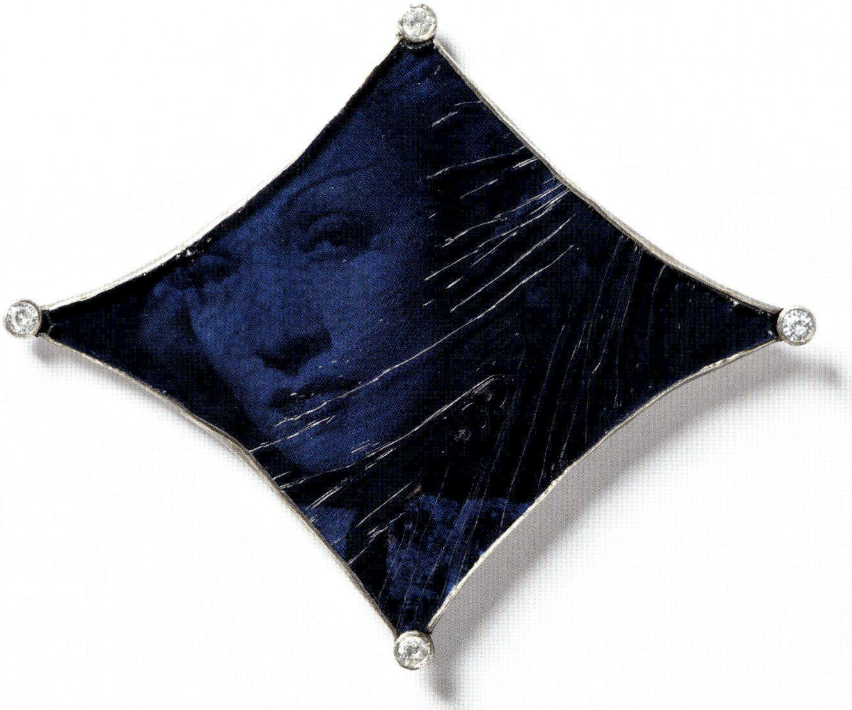

Schmuck ist das Meer der Erinnerung, der größte Transportweg der Gefühle

Jewellery is the Sea of Remembrance, the great transport route of the feelings

MARIANNE SCHLIWINSKI (*1944 Deutschland), Brosche *Marlene Dietrich*, Kirchenfensterglas, Foto, Silber, Zirkone, 103 x 84 mm
(*1944 Germany), Brooch *Marlene Dietrich*, stained glass, photograph, silver, zirconia, 103 x 84 mm

Schmuck ist immer Natur, nie künstlich – es gibt keinen unwahren Schmuck

Jewellery is always Nature, never artificial – there is no such thing as untrue jewellery

BARBARA PAGANIN (*1961 Italien), Brosche, Gold, Silber, venezianische Glasperlen, 70 x 35 x 35 mm
(*1961 Italy), Brooch, gold, silver, Venetian glass beads, 70 x 35 x 35 mm

Schmuck ist die Erfrischung aus einer ungetrübten Quelle, der Originalität

Jewellery is refreshment from an unmuddied spring, originality

MARTINA MÜHLFELLNER (*1977 Österreich), Brosche, Papier, Kunstharz, Silber, 150 x 110 x 10 mm
(*1977 Austria), Brooch, paper, resin, silver, 150 x 110 x 10 mm

Schmuck ist ein beschwingter Zugang
Jewellery is exhilarated access

LISA WALKER (*1967 Neuseeland), Brosche, Filz, Silber, 60 x 60 x 5 mm
(*1967 New Zealand), Brooch, felt, silver, 60 x 60 x 5 mm

Schmuck ist der Sonnenaufgang über der Steppe der Skepsis

Jewellery is the sunrise over the steppe of scepticism

ROBERT BAINES (*1949 Australien), Anhänger, Draht, Lack, Silber, 90 x 50 x 30 mm
(*1949 Australia), Pendant, wire, lacquer, silver, 90 x 50 x 30 mm

DONGCHUN LEE (*1964 Vietnam), Anhänger *Einatmen – Ausatmen*, Papier, Kunststoff, Anhänger: 122 x 80 mm, Band: L 940 mm
(*1964 Vietnam), Pendant *Breath in – Breath out*, paper, plastics, pendant: 122 x 80 mm, ribbon: L 940 mm

Schmuck ist immer nur ein Teil des Guten, Schönen und Wahren, aber mit dem Menschen ein Ganzes

Jewellery is always only part of the good, the beautiful and the true but with a human being a whole

ROBERT SMIT (*1941 Niederlande), Brosche, Weißgold, Lack, 70 x 70 x 6 mm
(*1941 The Netherlands), Brooch, white gold, lacquer, 70 x 70 x 6 mm

Schmuck ist die in Form gebrachte Leidenschaft
Jewellery is passion brought into form

LUCIA MASSEI (*1962 Italien), Brosche *Ora e qui* [Hier und jetzt], Shibushi, Silber, Pigment, 70 x 70 x 6 mm
(*1962 Italy), Brooch *Ora e qui* [Here and Now], Shibushi, silver, pigment, 70 x 70 x 6 mm

Schmuck ist der notwendige Luxus der Gefühle
Jewellery is luxury necessary for the emotions

GRAZIANO VISINTIN (*1954 Italien), Brosche, Gold, Email, 75 x 72 x 1 mm
(*1954 Italy), Brooch, gold, enamel, 75 x 72 x 1 mm

Schmuck ist der Dank des selbsttätigen Geistes für seine Freisetzung

Jewellery is the gratitude of the self-actuating spirit for setting it free

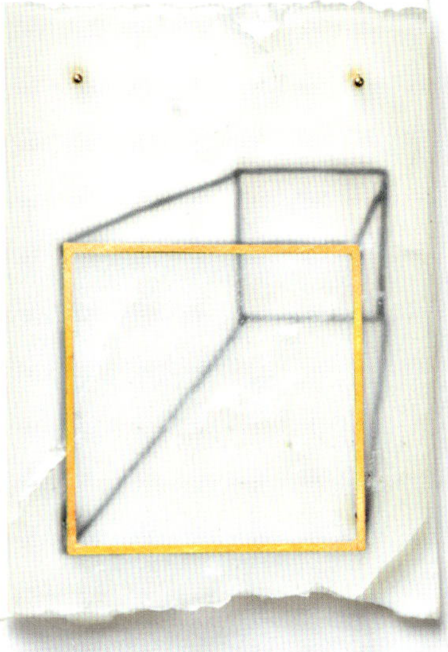

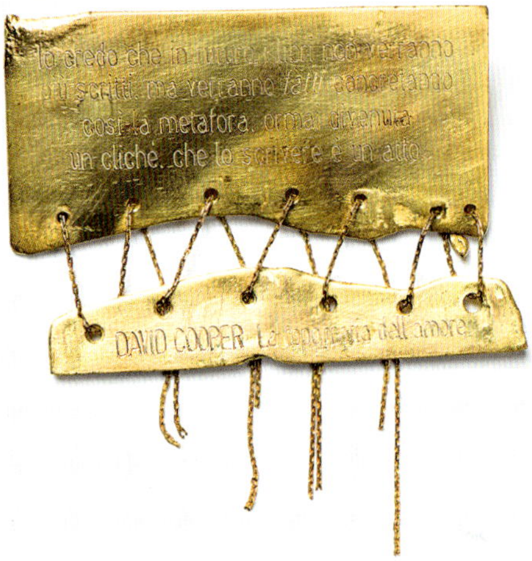

Schmuck ist gelungen, wenn der erste Eindruck immer wiederkehrt und fast schon den Gedanken verdrängt

Jewellery is successful when the first impression it makes constantly recurs and almost supplants thinking

RENZO PASQUALE (*1947 Italien), Brosche *Cubo Prospettivo* [Kubus in Perspektive], Bergkristall, Porzellan, Gold, Acryl, 65 x 50 x 8 mm
(*1947 Italy), Brooch *Cubo Prospettivo* [Cube in Perspective], rock crystal, porcelain, gold, acrylic, 65 x 50 x 8 mm

SANDRO POLI (*1941 Italien), Brosche, Gold, 64 x 45 x 2 mm
(*1941 Italy), Brooch, gold, 64 x 45 x 2 mm

Schmuck ist das Fremde, das niemals befremdet
Jewellery is what is alien but never alienates

RITA MARCANGELO (*1965 Italien), Ring, Silber, Seide versengt, 65 x 65 x 25 mm
(*1965 Italy), Ring, silver, scorched silk, 65 x 65 x 25 mm

Schmuck ist der Traum der vollkommenen Unschuld
Jewellery is the dream of perfect innocence

MIKIKO MINEWAKI (*1967 Japan), Kette *Trans Spielzeug*, Kunststoff-Kinderspielzeug, L 740 mm, B 35 mm
(*1967 Japan), Chain *Tran's Toy*, plastic toy, L 740 mm, W 35 mm

Schmuck ist der hohe Mut, nicht der Hochmut
Jewellery is high courage, not haughtiness

ANNAMARIA ZANELLA (*1966 Italien), Brosche *Lacrima di Tosca* [Tränen der Tosca], Silber, Gelmasse, 125 x 70 x 18 mm
(*1966 Italy), Brooch *Lacrima di Tosca* [Tosca's Tears], silver, gel mass, 125 x 70 x 18 mm

Schmuck ist die Möglichkeit der Freude, die zur Wirklichkeit wird für sich und für mehrere

Jewellery is the possibility of joy which becomes reality for itself and severally

MANUEL VILHENA (*1967 Portugal), Collier *Die Kuh*, Knochen, Lack, Gold, 530 x 35 mm
(*1967 Portugal), Necklace *The Cow*, bones, lacquer, gold, 530 x 35 mm

Schmuck ist die Erinnerung des Äußeren an das Innere

Jewellery is the recollection of the inner by the external

JIŘÍ SIBOR (*1966 Tschechien), Brosche, Edelstahl, Glas, 65 x 5 mm
(*1966 Czech Republic), Brooch, stainless steel, glass, 65 x 5 mm

Schmuck ist die Suche nach dem Transzendenten im Diesseits

Jewellery is the search for the transcendent in this earthly life

CHRISTIANE FÖRSTER (*1966 Deutschland), Brosche, Spiegelglas, Silber, 75 x 60 x 3 mm
(*1966 Germany), Brooch, mirror glass, silver, 75 x 60 x 3 mm

Schmuck ist die Ahnung, dass sich das Schöne mit dem gemeinen Leben versöhnen könne

Jewellery is the dawning realisation that the beautiful might be reconciled with mundane life

K. W. F. SOLGER, *K. W. F. SOLGER'S VORLESUNGEN ÜBER AESTHETIK*, 1829

JACQUELINE LILLIE (*1941 Frankreich, lebt und arbeitet in Österreich), Brosche *Stab*, Glasperlen, Aluminium, 185 x 10 mm
(*1941 France, lives and works in Austria), Brooch *Bar*, glass beads, aluminium, 185 x 10 mm

Schmuck ist vom Alter unabhängig
Jewellery does not depend on age

WOLFGANG LIEGLEIN (*1957 Deutschland), Brosche *Mango*, Stoff, Schaumstoff, Holz, Glasperlen, 65 x 90 x 15 mm, L mit Stiel 130 mm
(*1957 Germany), Brooch *Mango*, textile, foam plastic, wood, glass beads, 65 x 90 x 15 mm, L with stick 130 mm

Schmuck ist der unaussprechlich Einzelne für alle
Jewellery is the ineffable One for all

Schmuck ist definitionslos, ohne Grenzen wie die Liebe
Jewellery defies definition, is boundless like love

TORE SVENSSON (*1948 Schweden), Brosche, Stahl, Farbe, 50 x 43 x 2 mm
(*1948 Sweden), Brooch, steel, paint, 50 x 43 x 2 mm

MARI IWAMOTO (*1987 Japan), Brosche *Blume*, Seidenfäden, Silber, 90 x 65 x 60 mm
(*1987 Japan), Brooch *Flower*, silk threads, silver, 90 x 65 x 60 mm

Schmuck ist persönliche Erinnerung als Substanz für das Gemeinsame

Jewellery is personal reminiscence as material for the communal

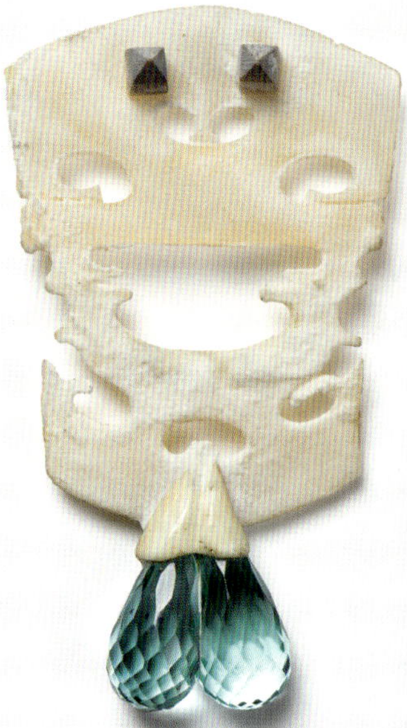

Schmuck ist eine Rhapsodie, ein freirhythmisches Werk ekstatischer Lyrik

Jewellery is a rhapsody, a work of ecstatic lyricism in free rhythm

VIKTORIA MÜNZKER (*1978 Slowakei, lebt und arbeitet in Österreich), Brosche *Herz*, Holz, alte Ohrstecker, 110 x 85 x 28 mm
(*1978 Slovakia, lives and works in Austria), Brooch *Heart*, wood, old studs, 110 x 85 x 28 mm

TANEL VEENRE (*1977 Estland), Brosche *Ambivalent*, Glas, Bein, Kunstharz, Gold, kosmischer Staub, 100 x 60 mm
(*1977 Estonia), Brooch *Ambivalent*, glass, bone, artificial resin, gold, cosmic dust, 100 x 60 mm

SUNGHO CHO (*1975 Südkorea), Brosche, Silber, Fundstück, 100 x 100 x 3 mm
(*1975 South Korea), Brooch, silver, find, 100 x 100 x 3 mm

Schmuck ist eine Importblume des Paradieses mit dem Duft der Rückkehr

Jewellery is a flower imported from Paradise with the scent of return

PETRA ZIMMERMANN (*1975 Österreich), Brosche *Sommerblume*, Dentalplast, Silber, 80 x 60 mm
(*1975 Austria), Brooch *Summer Flower*, polymethyl methacrylate, silver, 80 x 60 mm

Schmuck ist die vom Geist belebte Natur
Jewellery is Nature inspirited

ELISABETH DEFNER (*1931 Österreich), Manschettenknöpfe, Silber, Stück einer CD, 30 x 25 x 3 mm
(*1931 Austria), Cuff links, silver, piece of a CD, 30 x 25 x 3 mm

ALEXANDER BLANK (*1975 Deutschland), Brosche *Pinocchio*, Holz, Lack, 70 x 80 x 4 mm
(*1975 Germany), Brooch *Pinocchio*, wood, lacquer, 70 x 80 x 4 mm

Schmuck ist ein wesentlicher Teil des ganzen Menschen

Jewellery is an essential part of the whole person

BRUNO MARTINAZZI (*1923 Italien), Armreif *Appiglio* [Halt], Gold, Hand: 75 x 45 mm, Reif: 65 x 50 mm
(*1923 Italy), Bracelet *Appiglio* [Handhold], gold, hand: 75 x 45 mm, bracelet: 65 x 50 mm

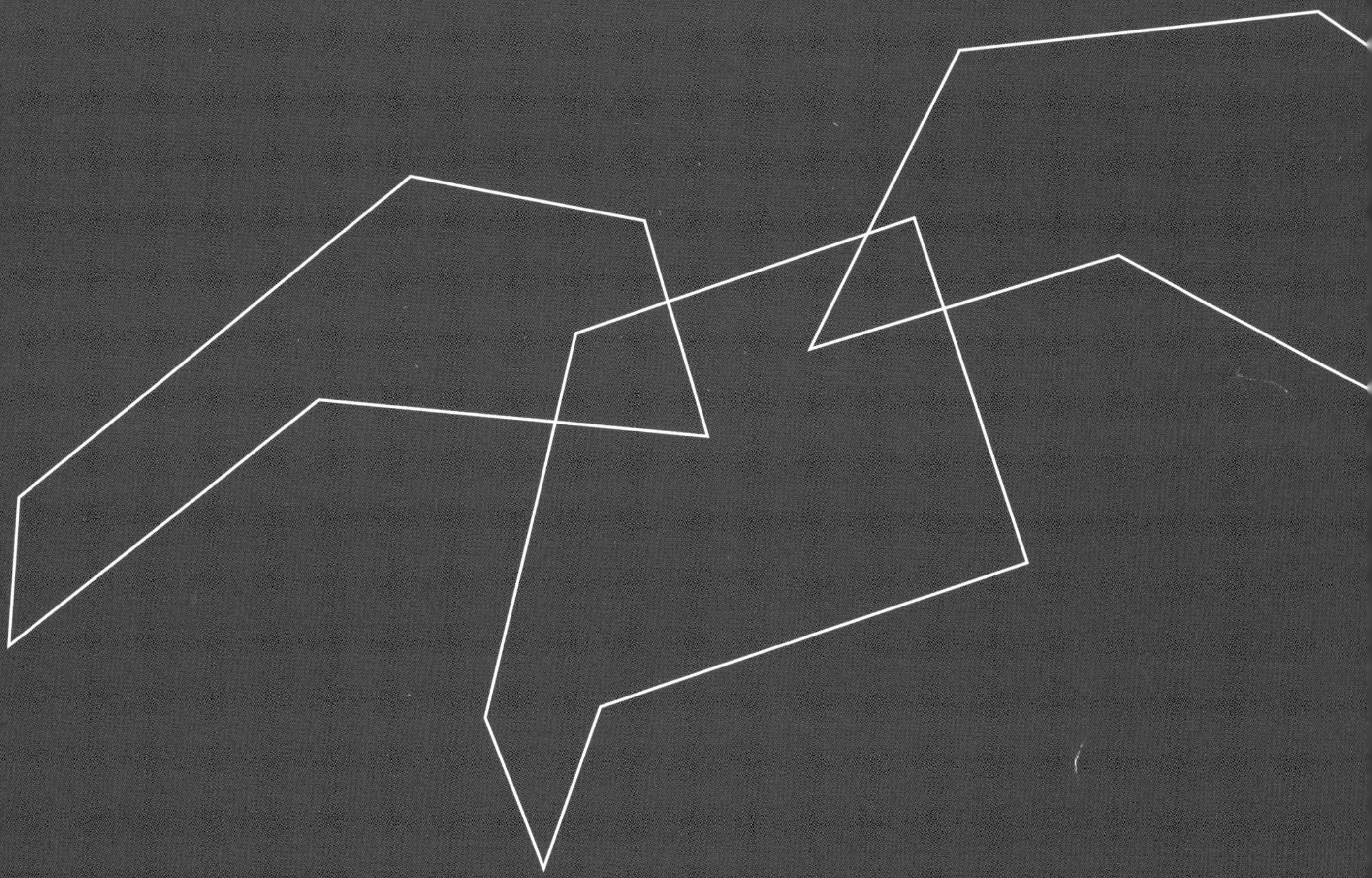

FRITZ MAIERHOFER

Das strukturelle Zeichen im Werk von Fritz Maierhofer

Schon in seinen ersten Stücken aus den 1960er- und 70er-Jahren und deren ungewöhnlicher Verbindung der Materialien Acryl und Metall enthüllte Fritz Maierhofer seinen Hang zur Bildhauerei. Die Broschen und Ringe dieser Zeit, ausgreifende Kompositionen auf quadratischen Sockeln oder in Rahmen ruhend, werden von Stahldrähten gehalten, die ihnen Stabilität in ihrem augenscheinlichen Pulsieren geben. Es sind dreidimensionale Arbeiten, die bereits auf die Werke des folgenden Jahrzehnts verweisen, als der Künstler Plastiken für Plätze, Gärten und Parks realisierte.

Maierhofer gehört international zu den anerkanntesten Bildhauern mit einer Ausbildung zum Goldschmied. Seine fundierten handwerklichen Kenntnisse hat er nicht an Schulen oder Akademien, sondern vielmehr in Werkstätten und Schmuckateliers erworben. Seine künstlerische Aktivität erinnert in ihrer unbedingten Originalität an die italienische Kunstszene des ausgehenden 20. Jahrhunderts, als Schmuckkunst in reicher Fülle von bedeutenden Bildhauern entworfen wurde, darunter so berühmte Namen wie die Gebrüder Pomodoro, die Gebrüder Basaldella, Giuseppe Uncini, Edgardo Mannucci, Bruno Martinazzi und Pietro Consagra – denn in Italien blieb seit dem Mittelalter und der Renaissance die Tradition lebendig, der Goldschmiedekunst und der Bildhauerei dieselbe künstlerische Ausdruckskraft zuzugestehen.

Obwohl sich Maierhofers Werk keiner bestimmten Schule zuordnen lässt, muss es doch in Verbindung mit seinen in England verbrachten Jahren gesehen werden, als die Pop-Kultur sämtliche Formen des kulturellen Ausdrucks revolutionierte: von der Mode bis zum Schmuck, dem Theater zur Musik, der Malerei zu Comics, der Literatur und Poesie bis zur Bildhauerei und Fotografie. In einer Atmosphäre des intensiven Austauschs bediente er sich der Ikonografie des Konsums und des Alltags und übersetzte deren Bilder auf neuartige Weise. Dabei war ihm die figurative Malerei dieser Zeit fremd, die britische Künstler wie David Hockney, Allen Jones, Richard Hamilton, Ronald Brooks Kitaj, Peter Blake und andere vertraten. In Anlehnung an die zeitgenössische Plakatkunst, Werbegrafik und die distanzierte Sprache der Fotografie entwickelten diese Bildwelten und Figuren bar jedes psychologischen Ausdrucks. In einer von neuen technologischen Errungenschaften dominierten Epoche bevorzugte Fritz Maierhofer hingegen frei erfundene technoide Objekte, deren strukturale Strenge er mit der Sprache der Comics verband. Seinen so präzisen wie perfekten Apparaturen wohnen dabei sensible Qualitäten inne, die für die verwendeten synthetischen Materialien in all ihrer Vielfarbigkeit charakteristisch und darüber hinaus imstande sind, den Gerätschaften eine geheimnisvolle Wirkung zu verleihen: In ihr scheint die Verschmelzung von Technologie und Geheimnis die fantastisch-wissenschaftlichen Ideenfindungen vorwegzunehmen, welche die räumlichen Formen der Unternehmungen des Raumfahrtzeitalters prägen sollten.

Vielfältig und vielgestaltig sind insbesondere aufgrund seiner Experimente mit den unterschiedlichsten Materialien die Veränderungen in Maierhofers künstlerischem Schaffen in den folgenden Jahrzehnten. Ungeachtet aller formaler Unterschiede bleibt aber dennoch eine strukturelle Konstante erhalten: es ist die Bestimmung der Regeln des extremen Minimalismus, die ausgefeilten abstrakt-geometrischen Kombinationen von Balken, Achsen und Trägern – Formen, die augenscheinlich aus architektonischen Zusammenhängen extrapoliert sind. In einigen Werkphasen arbeitet der Künstler mit Gold- und Silberflächen, auf denen sich eine goldene Linearität einschreibt, gleichsam als lyrische Manifestation im rein abstrakten Kontext. Klarheit wird dabei nicht ausgeschlossen, nicht einmal als Materialien wie Zinn und Corian freie Formfindungen ermöglichen, die aber durch schlichte Zeichenträger und logische Bezüge zur Ordnung gerufen werden.

Ausgangspunkt der jüngsten Arbeiten sind Papiermodelle, die Maierhofer in rechteckige, farbige Metallflächen übersetzt, deren minimale Knickungen zu unerwarteten dreidimensionalen Effekten führen. Die in kontrapunktischer Beziehung zueinander stehenden Flächen definieren skulpturale Pfade, deren Minimalismus an vergleichbare Lösungen der beiden amerikanischen Künstler Carl Andre und Donald Judd gemahnt.

In den aktuellen Arbeiten dient das Material Papier der Erlangung größter Leichtigkeit in der Darstellung landschaftlicher Details. Ein außergewöhnliches Experiment, mit dem Maierhofer erstmals das Universum der Abstraktion verlässt, um sich angeregt durch die Cottischen Alpen – einer vom Gipfel des Monviso dominierten Bergkette – dem Studium der Natur zu stellen. Von seinem Ferienwohnsitz aus beobachtete der Künstler die täglichen Veränderungen von Licht und Wetter am Berg, die ihn dazu inspirierten, diese kraftvollen Bilder komplexer Farbspiele und scheinbarer Volumenveränderungen durch atmosphärische Kräfte – Schnee, Wolken, Nebel, Regen – wiederzugeben. Das Grün der Wälder, die schwarzen und grauen Farbtöne der Felsen, das leicht modulierte Weiß der schneebedeckten Gipfel finden sich sowohl in den schichtweise lasierend aufgetragenen Pinselstrichen wie auch in den mit Tinte in prägnanter Klarheit gezogenen Linien wieder. Dabei verblüfft die dreidimensionale Qualität, die Maierhofer ins Papier legt. Er feuchtet fasrigen Karton an, manipuliert, trocknet und bemalt ihn mit wenigen Farben fließend und leicht. Er verwandelt ihn in eine körperhafte Masse mit Verwerfungen und gewellten Flächen, er faltet in zu Höhlen, Spalten und Abgründen, er erweitert ihn bis an die Grenze der Definition einer schroffen Bergspitze. Weitere ausgeschnittene und unregelmäßig applizierte Flächen steigern den Eindruck des Auskragens und unterbrechen dabei die Gesamtheit der Bergansicht: zackige weiße Formen imitieren Kumuluswolken, welche die Basis des Berges umgeben, aus dem der mächtige, farbenprächtige Gipfel emporragt.

Interessanterweise beinhalten die Papierexperimente zugleich die bekannten Maierhoferschen Geometrien wie auch neue (Berg-)Landschaften. Der große Unterschied zwischen beiden Bildsprachen scheint sich im Zusammenballen des Bergvolumens in einem Gipfel zu finden, das der Absolutheit einer dreieckigen Form gewissermaßen Folge leistet. Es ist Maierhofer selbst, der die beiden unterschiedlichen Ausdrucksweisen verbindet – der grenzenlose Himmel in wechselndem Farbenspiel, das Eintauchen in turbulente Wolkenformationen scheinen ihn jenseits des Sichtbaren zu führen, in eine Sphäre mit mystischem Charme. Seine Engel, in mittelalterlicher Tradition in goldgelb getaucht, werden lediglich durch kleinste Erhebungen und fast unsichtbare Einschnitte angedeutet. Die leicht gewölbten und welligen Konturen dieser Broschen erinnern an Engelsflügel, die, bewegt von einem flüchtigen Hauch, von der minimalistischen Komposition gehalten werden.

Graziella Folchini Grassetto

The Structural Sign in Fritz Maierhofer's Work

With his unusual linkage of acrylic and metal as the materials of his first pieces in the 1960s and 1970s, Fritz Maierhofer had already revealed a pronounced bias towards sculpture. The brooches and rings, compositions jutting out from squares as if from plinths or resting in frames, are held together by steel wires, which ensure stability despite their pulsing vibrancy. These are three-dimensional works anticipating the work to come in the following decade, when the artist created sculpture for urban squares, gardens and parks.

Trained as a goldsmith, Maierhofer is one of the most internationally acclaimed sculptors. He acquired his impressive skills by undergoing hands-on training at workshops and jewellery studios rather than attending an art school or academy. In its absolute originality, his artistic activity recalls the late twentieth-century Italian art scene, which produced a wealth of gold jewellery by important sculptors, including such distinguished names as the Pomodoro brothers, the Basaldella brothers, Giuseppe Uncini, Edgardo Mannucci, Bruno Martinazzi and Pietro Consagra – in Italy the venerable medieval and Renaissance tradition of ranking goldsmithing and sculpting on the same footing as aesthetic disciplines then regarded as being of equal expressive value remains.

Although Maierhofer's work defies classification assigning it to any particular school, it has, however, been shaped by total immersion in the revolutionary Pop culture of England, where the artist spent several years. There he participated in that universe enveloping all forms of cultural expression from fashion to jewellery, theatre to music, painting to comics, prose and poetry to sculpture and photography. In an environment that fostered intensive visual exchanges, Maierhofer drew on the popularist consumer iconography, translating it in novel and innovative ways. He felt alienated by the English figurative painting of the time as represented by such British contemporaries as David Hockney, Allen Jones, Richard Hamilton, Ronald Brooks Kitaj as well as Peter Blake, who draw on poster art, commercial graphics and the distant language of photography to reconfigure environments or depict figures devoid of any psychological expression. In an age dominated by new achievements in electronics that have revolutionised communications as well as momentous discoveries in space exploration, Fritz Maierhofer has preferred technoid objects of his own free invention, whose structural stringency he has linked with the language of comics. With their variegated colouration, his precise and perfect mechanisms possess a mode of sensitivity typical of synthetic materials capable of injecting rigid structures with a whiff of the arcane: in them the fusion of technology and a touch of the esoteric seems to anticipate the formation of the science-fiction ideas and concepts that would shape the spatial configuration of space-age undertakings.

The manifold changes that Maierhofer's work underwent in the decades that followed have been influenced in particular by the experiments he conducts with a wide variety of materials. For all the formal diversity, a structural constant remains a given: it is structure that determines the laws governing extreme Minimalism or the sophisticated combination of abstract geometry with straps, axes and beams – forms apparently extrapolated from architectural structures. In some work phases the artist uses gold and silver surfaces inscribed with subtle gold linear patterns like a lyrical manifestation of pure abstract context. They are not without stringency, even though materials such as tin or Corian make possible free and formless operations, which, however, call for the ordering of austere sign vehicles and logical referencing.

His most recent works have emerged from the use of paper. First it is used to produce models, which are then translated into rectangular coloured metal surfaces that are only slightly bent, leading to startling three-dimensional effects. The sheets, in contrapuntal arrangements, define completely paths so Minimalist that they are reminiscent of solutions featured by the American artists Carl Andre and Donald Judd.

In the most recent works paper has become a means to achieve greater lightness in the rendering of specific landscape details. An exceptional experiment of Maierhofer's, with which he has left behind the universe of abstraction for the first time to devote himself to Nature study, inspired by the Cottian Alps – a mountain range dominated by the peak of Monviso. Observing that Alpine peak from his holiday home, the artist recorded in daily sessions the changes caused by light and weather, which induced him to reproduce those powerful images of complex colouration and seeming changes in volume wrought by atmospheric forces – snow, clouds, mist and rain. The manifold greens of the forests, the precision of the blacks and greys of the rocks, the airy modulation of the whites of the snow-capped peak recur both in brushstrokes layered in aqueous glazes and in lines drawn in ink with astringent clarity. The three-dimensional quality which Maierhofer gives to his paper is stunning. He moistens fibrous cardboard, manipulates, dries and paints it with fluidity and lightness, transforming it into mass with volume. By rolling it out, he creates the effect of hollows and undulating planes; he folds it into a semblance of caves, crevasses and abysses, extends it to define the extreme steepness of summits. To enhance the lowering, craggy effect, with other papers he adds cut-outs and irregular appliqués to the area underneath, thus interrupting the vast sweep of the mountain vista: notched, white shapes imitate banks of clouds enveloping the lower slopes from which the vast peak emerges in brilliant colours.

It is interesting to note how the experiments with paper combine both the Minimalist geometric configuration and mountain landscapes. The extreme discrepancy between the two visual languages seems to have been reconciled in the mass of the mountain range condensing into a peak, a summit, as if obeying the absolutist dictates of triangular form. It is Maierhofer himself who links the two discrepant forms of expression – transgressing the boundary to the sky with mutable colours and immersing himself in the turbulent cloud formations seem to transport him beyond the visible, into a sphere infused with mysticism. His angels, plunged in golden yellow in the best medieval tradition, are merely suggested rather than defined by minute cracks, caesurae virtually invisible on the surface of brooches which are slightly domed and wavy, their borders lively and curvy, thus recalling angel wings set in motion by a fleeting breath of air but firmly held in place by the Minimalist composition.

Graziella Folchini Grassetto

Brosche *Monviso*, Papier, 200 x 120 x 20 mm
Brooch *Monviso*, paper, 200 x 120 x 20 mm

Drei Broschen *Berge*, Papier, 200 x 90 mm, 200 x 130 mm und 190 x 140 mm
Three brooches *Mountains*, paper, 200 x 90 mm, 200 x 130 mm and 190 x 140 mm

Drei Broschen, Aluminium, 120 x 45 x 25 mm, 70 x 70 x 20 mm und 105 x 55 x 20 mm
Three brooches, aluminium, 120 x 45 x 25 mm, 70 x 70 x 20 mm and 105 x 55 x 20 mm

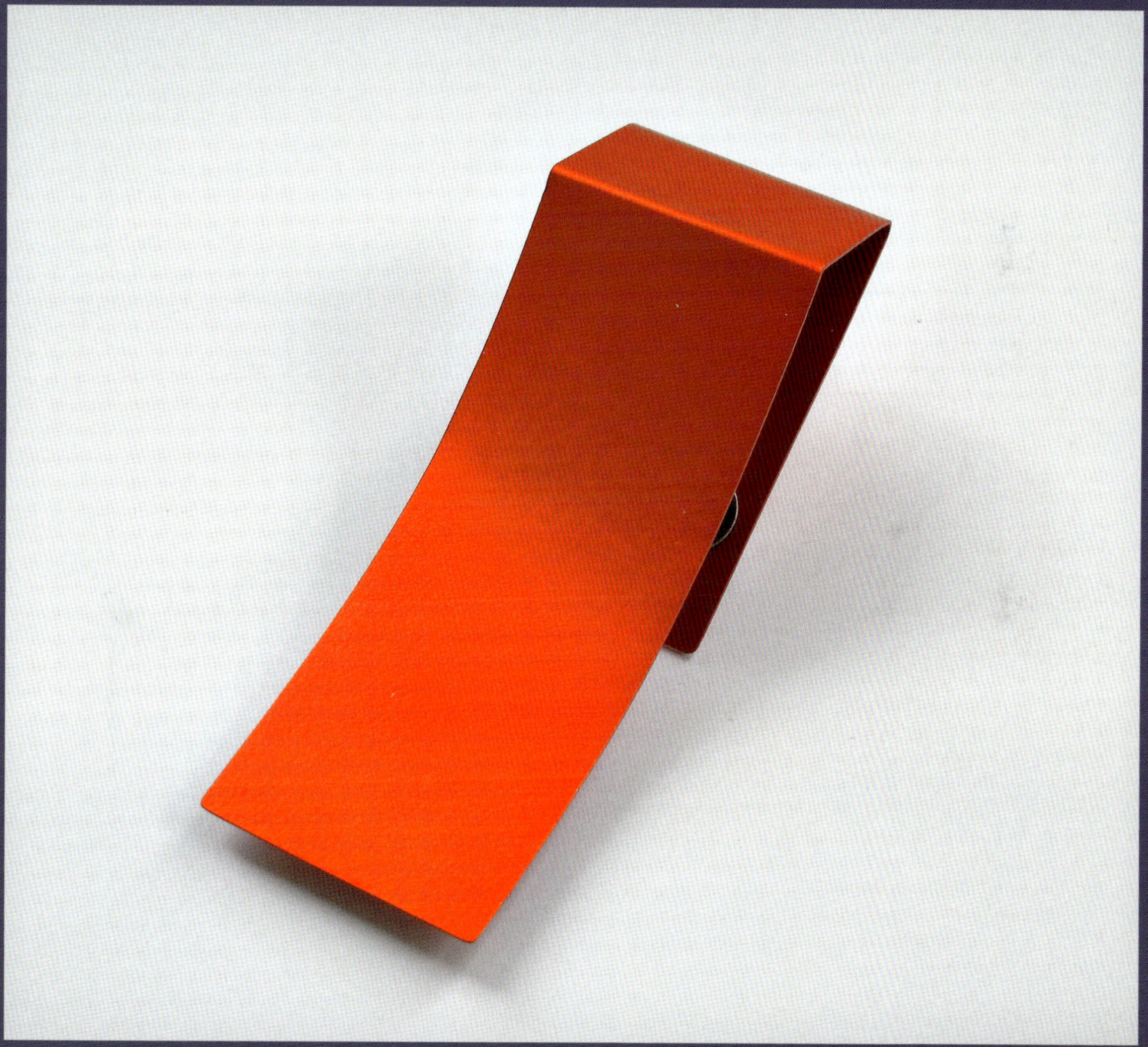

Brosche, Aluminium, 120 x 45 x 25 mm
Brooch, aluminium, 120 x 45 x 25 mm

Brosche, Aluminium, 190 x 80 x 30 mm
Brooch, aluminium, 190 x 80 x 30 mm

Brosche, Aluminium, 195 x 50 x 40 mm
Brooch, aluminium, 195 x 50 x 40 mm

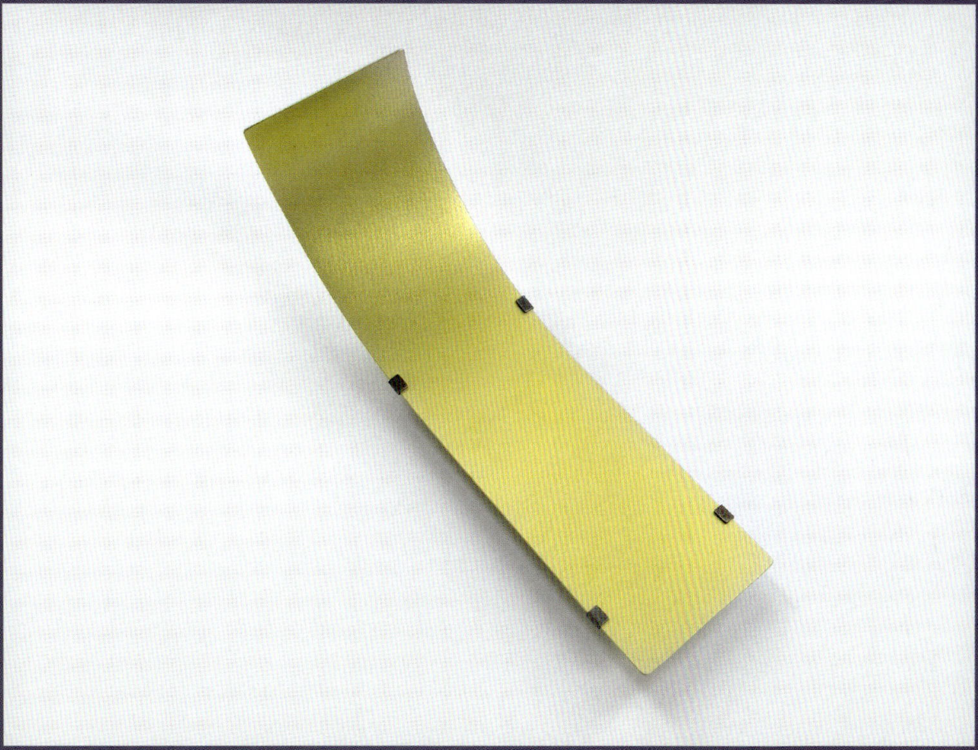

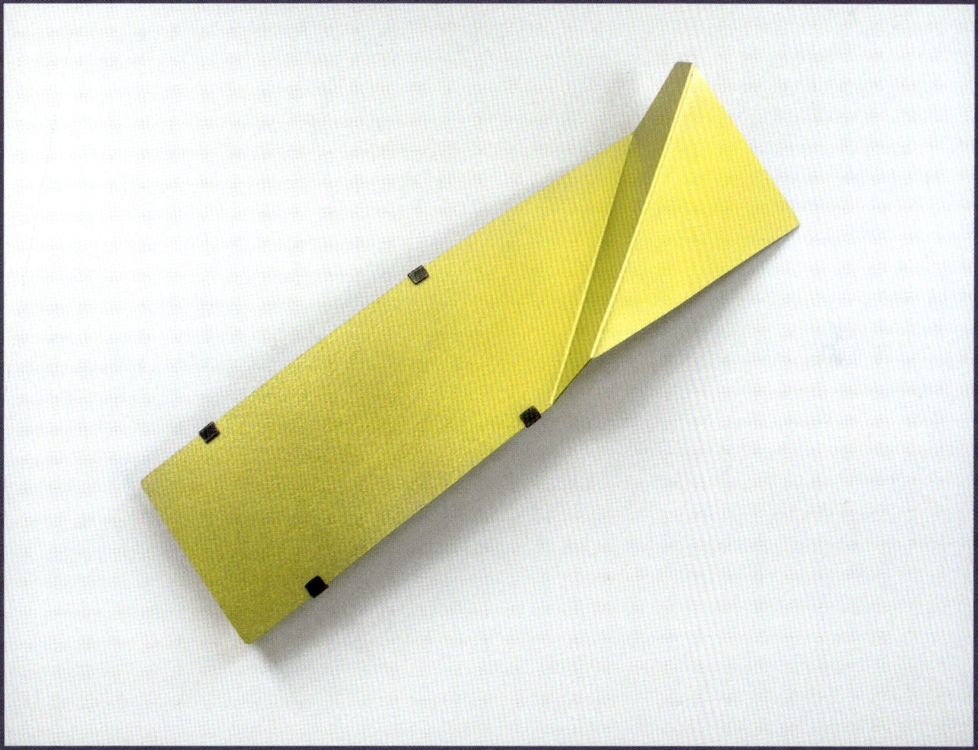

Brosche, Aluminium, 175 x 50 x 50 mm
Brooch, aluminium, 175 x 50 x 50 mm

Brosche, Aluminium, 195 x 60 x 25 mm
Brooch, aluminium, 195 x 60 x 25 mm

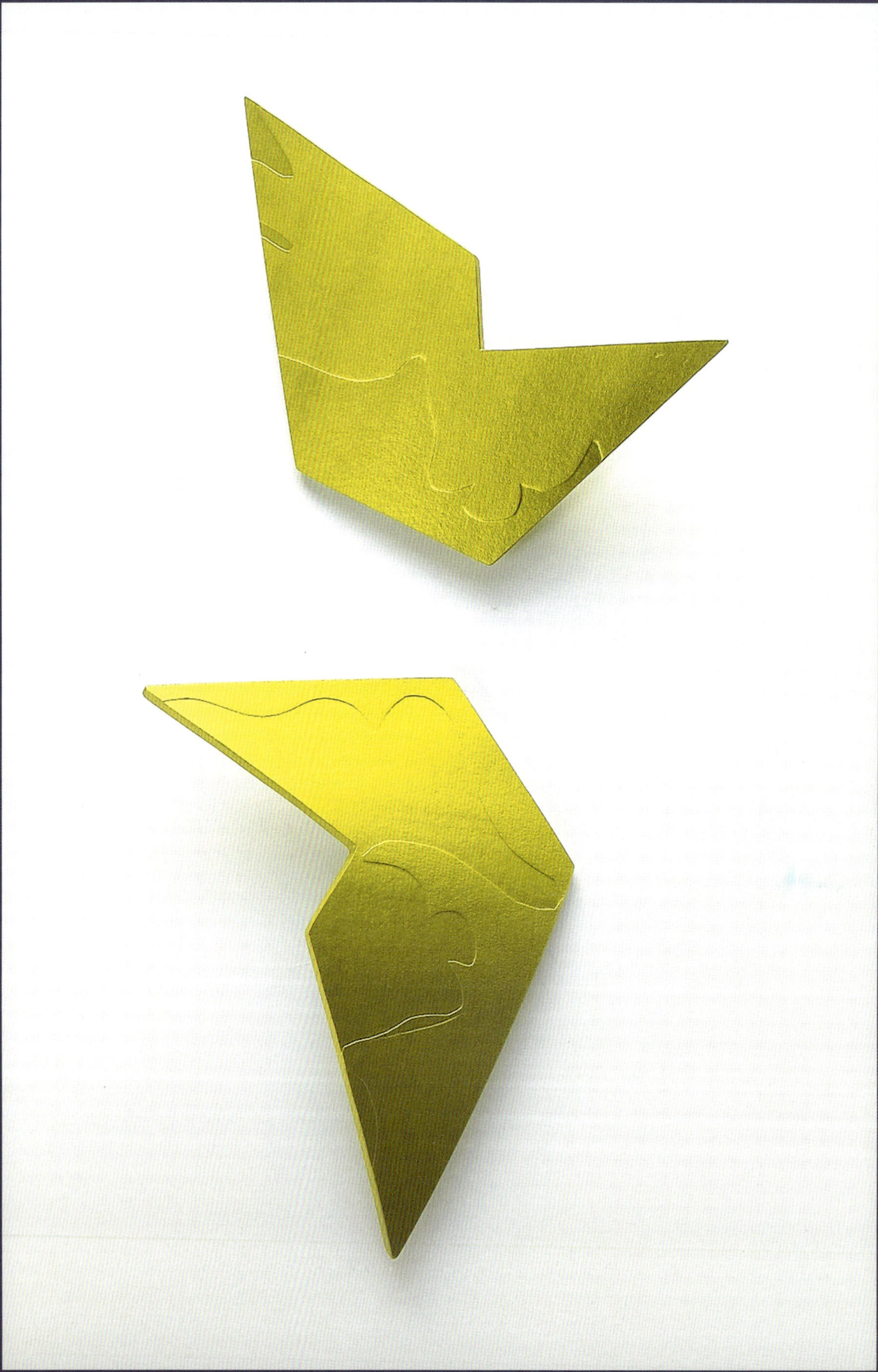

Zwei Broschen *Hidden Angels*, Aluminium, jede 90 x 50 mm
Two brooches *Hidden Angels*, aluminium, each 90 x 50 mm

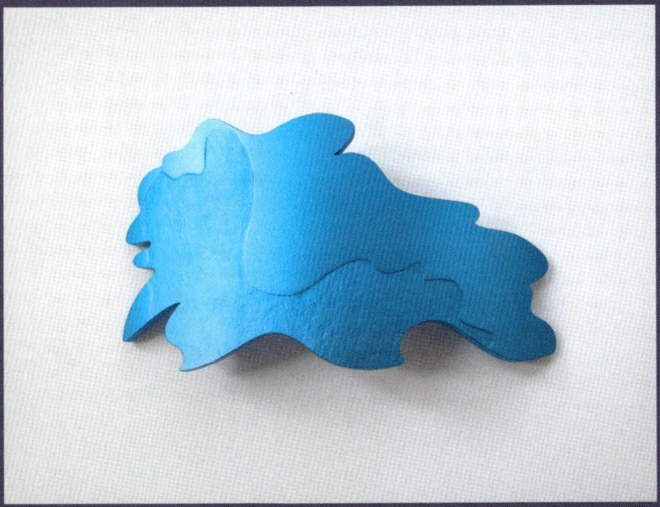

Brosche *Hidden Angel*, Aluminium, 110 x 50 x 10 mm
Brooch *Hidden Angel*, aluminium, 110 x 50 x 10 mm

Brosche *Hidden Angel*, Aluminium, 120 x 70 x 15 mm
Brooch *Hidden Angel*, aluminium, 120 x 70 x 15 mm

Brosche *Hidden Angel*, Aluminium, 95 x 70 x 15 mm
Brooch *Hidden Angel*, aluminium, 95 x 70 x 15 mm

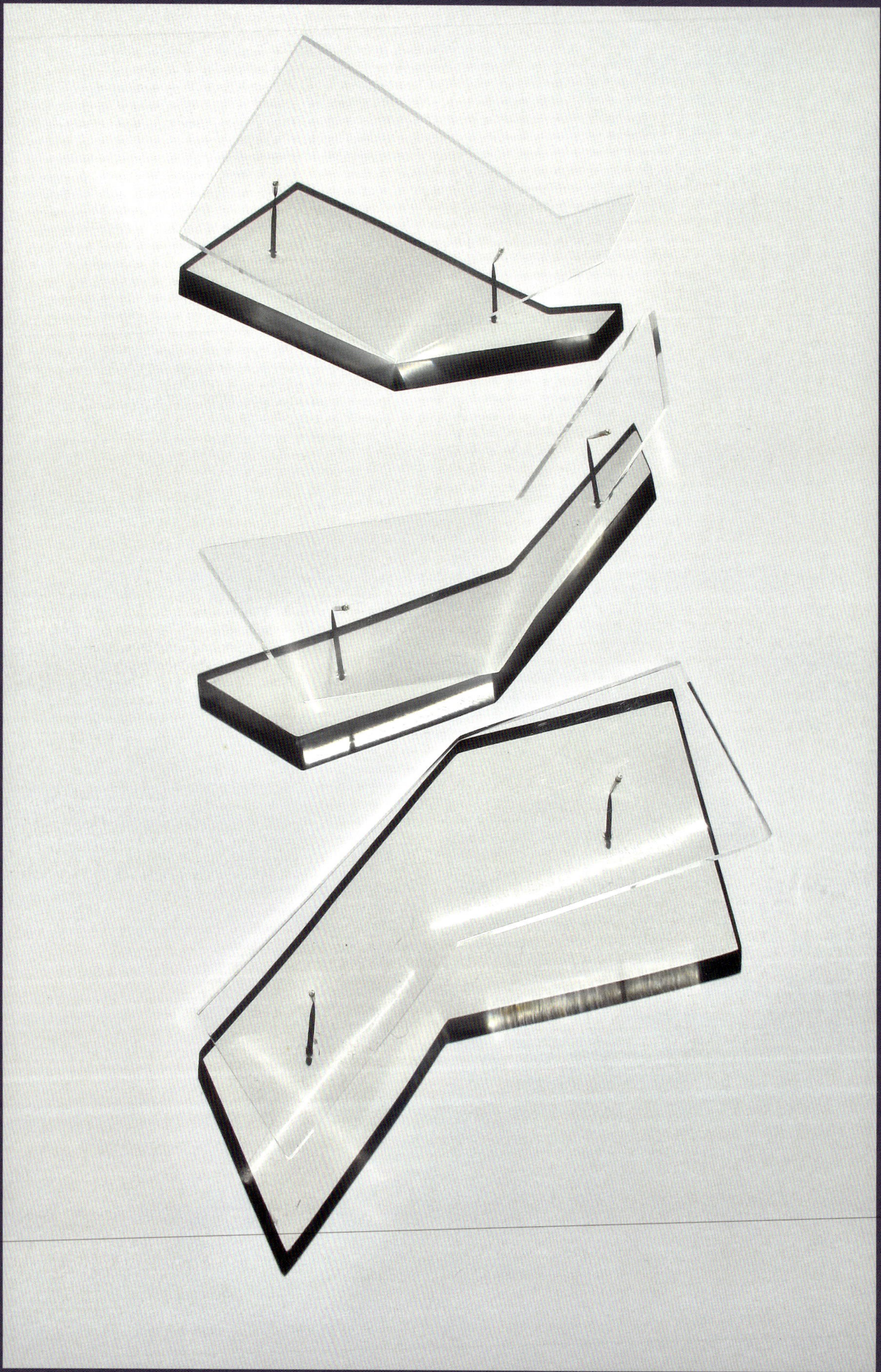

Drei Broschen, Acryl, 80 x 55 x 3 mm, 120 x 40 x 3 mm und 110 x 40 x 3 mm
Three brooches, acrylic, 80 x 55 x 3 mm, 120 x 40 x 3 mm and 110 x 40 x 3 mm

Drei Broschen *Rosso di Cherasco*, Aluminium, 110 x 40 x 3 mm, 80 x 55 x 3 mm und 120 x 40 x 3 mm
Three brooches *Rosso di Cherasco*, aluminium, 110 x 40 x 3 mm, 80 x 55 x 3 mm and 120 x 40 x 3 mm

Schmuck ist für mich eine Sprache und eine lebenslange Betätigung, ihn in meiner Weise neu zu definieren

For me jewellery is a language and a lifelong pursuit to define it anew in my own way

FRITZ MAIERHOFER

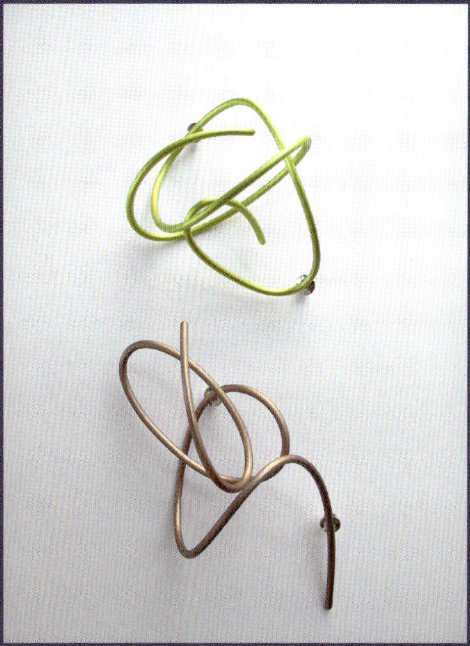

Zwei Broschen, Aluminium, 110 x 90 x 60 mm und 170 x 80 x 55 mm
Two brooches, aluminium, 110 x 90 x 60 mm and 170 x 80 x 55 mm

Collier, Aluminium, Dm. 270 mm
Necklace, aluminium, diam. 270 mm

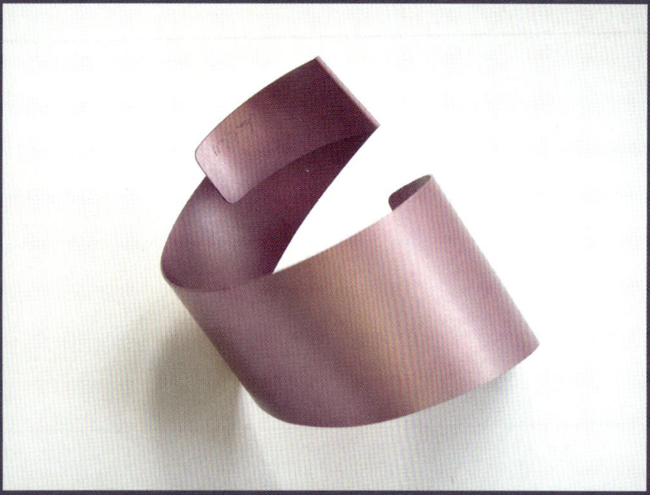

Armreif, Aluminium, 110 x 70 x 70 mm
Bracelet, aluminium, 110 x 70 x 70 mm

Armreif, Silber, 90 x 80 x 40 mm
Bracelet, silver, 90 x 80 x 40 mm

Brosche, Silber, 120 x 90 x 45 mm
Brooch, silver, 120 x 90 x 45 mm

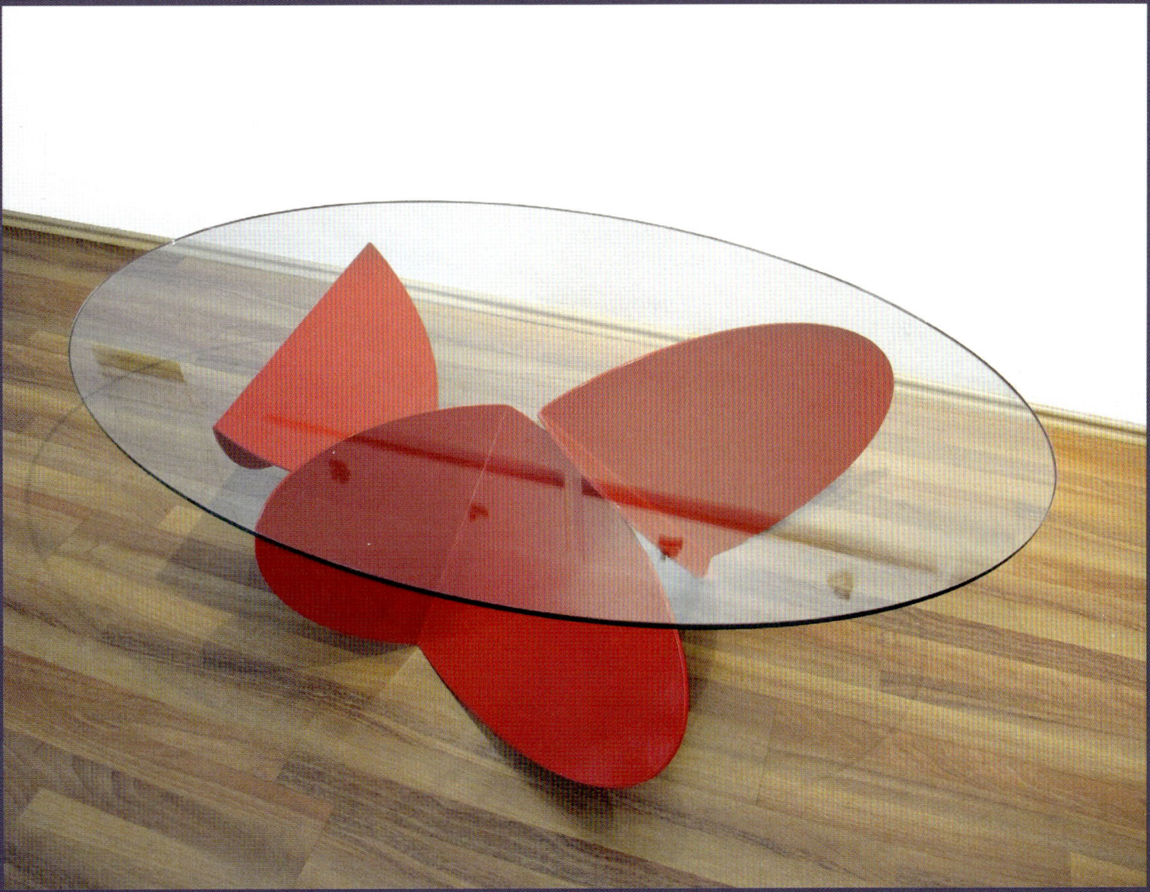

Ring, Silber, 85 x 40 x 20 mm
Ring, silver, 85 x 40 x 20 mm

Ring, Silber, 90 x 55 x 40 mm
Ring, silver, 90 x 55 x 40 mm

Tisch, 1.600 x 900 x 450 mm
Table, 1,600 x 900 x 450 mm

Teilnehmer der Ausstellung
Participants in the Exhibition

ARCK KLAUS
ATROPS VOLKER
BAHLMANN ALEXANDRA
BAINES ROBERT
BAUER ALOIS
BAUHUIS PETER
BAUR JOACHIM
BECKER MICHAEL
BELDA JIŘÍ
BENTIVOGLIO MIRELLA
BETZ DORIS
BLANK ALEXANDER
BLIM SUSAN
BRAHAM FRÉDÉRIC
BRAUN ANTONIA V.
BRINKMANN ESTHER
BRITTON HELEN
BRONGER SIGURD
BURY CLAUS
BUTLER CATHERINE
CANCOLA GUNDA MARIA
CARTLIDGE BARBARA
CHANG PETER
CHEN ATTAI
CHO SUNGHO
CHUN EUN MI
COOPER JANET
DAHM JOHANNA
DE LA COUR BRIAN
DE JONG RIAN
DERREZ PAUL
DETERING SASKIA
DITTLMANN BETTINA
DUONG SAM THO
DUPRÈ ELISABETTA
DVORAK PETR
EICHENBERG IRIS
EICKHOFF JÜRGEN
FEDOROVA SILVIA
FILIP PAVEL
FINLEY ANN
FISCHER BENEDIKT
FISH ARLINE
FONT ANA
FORMANEK VERENA
FÖRSTER CHRISTIANE
FRALING ANNA
FRITSCH KARL
FRÖHLICH MAX
FUKUCHI KYOKO
FUNAKI MARI
GARGAT HENRI
GOSSNER INGRID
GUTTMANN URSULA
HANAGARTH SOPHIE
HERMSEN HERMAN
HEUSER STEFAN
HILBERT THERESE
HILLER MIRJAM
HIRV PIRET
HOKE TOMAS
HÜBEL ANGELA
ISHIKAWA MARI
IWAMOTO MARI
JÄSCHKE MARGIT
JOHN SVENJA
KESSLER BEPPE
KLARNER SABINE
KLOCKMANN BEATE
KNECHT ANDREA
KNOBEL ESTHER
KOMNACKY VLADIMIR
KRÄMER MICHELLE
KWON SEULGI
LEE DONGCHUN
LEHMANN FLORENCE
LIEGLEIN WOLFGANG
LILLIE JACQUELINE
LORBER KRISTINE
MALJOJOKI MIA
MÄLK KADRI
MANILLA JORGE
MANNINGER DORIS
MARCANGELO RITA
MARX FALKO
MASAROVIČOVÁ ERNA
MASSEI LUCIA
MAYR KURT
MINEWAKI MIKIKO
MITSUYASU TAKAO
MOJE MASCHA
MONCLÚS XAVIER INES
MONTEBELLO GIANCARLO
MOSCHIK MELITTA
MÜHLFELLNER MARTINA
MÜNZ ANITA
MÜNZKER VIKTORIA
NAGANO KAZUMI
NGUYEN THANH-TRUC
OGURA RITSUKO
OMMEN JOKE VAN
PAGANIN BARBARA
PAMPERL BRIGITTE
PASQUALE RENZO
PESCE GAETANO
PETERS RUUDT
POLI SANDRO
REILING REINHOLD
ROHER Y CASELLAS CARME
SARNEEL LUCY
SCHLIWINSKI MARIANNE
SCHMEISER WERNER
SCHWARZINGER VERONIKA
SHARLIN MIRIAM

SIEBER FUCHS VERENA
SPIROS LISA
STRAMITZ LEONHARD
SUMBERA ANDREJ
SUNG HYOUN-JUNG
SVENSSON TORE
SYVÄNOJA JANNA
TEMMEL WOLFGANG
TENDAHL BRIGITTE
TESARIK EVA
TRIDENTI FABRIZIO
ULRICHS TIMM
VÁGI FLÓRA
VEENRE TANEL
VILHENA ANDREA
VILHENA MANUEL
VISINTIN GRAZIANO
VONMETZ KARL
WALKER LISA
WALZ SILVIA
WEBER NORMAN
WIESINGER BIRGIT
WILLEMSTIJN FRANCIS
WOLTERS NORBERT
WOOD JOE
WULZ ROSWITHA
XIAO LIU
ZEHETBAUER ULRIKE

Teilnehmer der Ausstellung,
Projekt 2000
Participants in the Exhibition,
Project 2000

AHRENS RENATA
BABETTO GIAMPAOLO
BAKKER GIJS
BENNETT JAMIE
BISCHOFF MANFRED
CAPDEVILA JOAQUIM
CEPKA ANTON
DEFNER ELISABETH
DOBLER GEORG
DOMÈNECH XAVIER
EBENDORF ROBERT WILLIAM
EISLER EVA
FEILER UTA
FREEMAN WARWICK
FRITSCH KARL
GENTILLE THOMAS
HALMSCHLAGER ANDREA MAXA
HAMAGUCHI MASAKO
HAMMER SUSANNE
HART MARGIT
HEINDL ANNA
HIRAMATSU YASUKI
HORA RENÉ
JOHANNSEN ULRIKE
JÜNGER HERMANN
KAMINSKI VERED
KIM JUNG-HOO
KODEJŠ JAROSLAV
KODRÉ HELFRIED
KRUGER DANIEL
KÜNZLI OTTO
KUTSCHERA GABRIELE
LADSTÄTTER FLORIAN
LEITNER ERIKA
LORENZEN JENS-RÜDIGER
MAIERHOFER FRITZ
MARTINAZZI BRUNO
METCALF BRUCE
MOSETTIG GERT
NAGAI ERICO
NISSLMÜLLER MANFRED
NOVÁK VRATISLAV KAREL
OPOČENSKÝ PAVEL
PAVAN FRANCESCO
PINTON MARIO
PUIG CUYÀS RAMON
RAHS WOLFGANG
RAMSHAW WENDY
ROTHMANN GERD
SAJET PHILIP
SCHOBINGER BERNHARD
SCHUMANN RAINER
SCOTT JOYCE
SIBOR JIŘÍ
SKUBIC PETER
SMIT ROBERT
SPECKNER BETTINA
SYMON JOSEF
WEISSLECHNER KAROL
WOELL FRED
ZANELLA ANNAMARIA
ZIMMERMANN PETRA

Herausgeber | Editors
Christoph Thun-Hohenstein, Elisabeth Schmuttermeier

Autoren | Authors
Karl Bollmann, Graziella Folchini Grassetto,
Christoph Thun-Hohenstein

ARNOLDSCHE Projektleitung | project coordinator
Marion Boschka

ARNOLDSCHE Projektassistenz | project assistant
Sarah Güse

Lektorat | Text editors
Sarah Güse, ARNOLDSCHE
Wendy Brouwer, Stuttgart

Grafische Gestaltung | Graphic designer
Silke Nalbach, nalbach typografik, Mannheim

Offset Reproduktion | Offset reproductions
Schwabenrepro, Stuttgart

Druck | Printed by
Gorenjski tisk storitve, Kranj

Papier | Paper
170 gsm Core Silk

Gedruckt auf PEFC-zertifiziertem Papier. Dieses Zertifikat steht europaweit für nachhaltige und sozialverträgliche Waldbewirtschaftung.
Printed on PEFC certified paper. This certificate stands throughout Europe for long-term sustainable forest management in a multi-stakeholder process.

Bibliografische Information der Deutschen Nationalbibliothek
Die Deutsche Nationalbibliothek verzeichnet diese Publikation in der Deutschen Nationalbibliografie; detaillierte bibliografische Daten sind im Internet über www.dnb.d-nb.de abrufbar.

Bibliographic information published by the Deutsche Nationalbibliothek
The Deutsche Nationalbibliothek lists this publication in the Deutsche Nationalbibliografie; detailed bibliographic data are available on the Internet at www.dnb.d-nb.de.

ISBN 978-3-89790-428-6

Made in Europe, 2015

Dieser Katalog erscheint anlässlich der Ausstellung |
This catalogue is published on the occasion of the exhibition

SCHMUCK 1970–2015
SAMMLUNG BOLLMANN
FRITZ MAIERHOFER – Retrospektive

JEWELLERY 1970–2015
BOLLMANN COLLECTION
FRITZ MAIERHOFER – Retrospective

MAK Wien | Vienna
14. 01. 2015 – 29. 03. 2015

Kuratorin | Curator
Elisabeth Schmuttermeier,
Kustodin MAK-Sammlung Metall und Wiener-Werkstätte-Archiv |
Curator MAK Metal Collection and Wiener Werkstätte Archive

GastkuratorInnen | Guest curators
Heidi und | and Karl Bollmann sowie | as well as Fritz Maierhofer

Ausstellungsorganisation | Exhibition management
Martina Schöggl

Technische Koordination | Technical coordination
Embacher Wien

MAK
Stubenring 5, 1010 Wien | Vienna, Austria
T +43 1 711 36-0
F +43 1 713 10 26
office@MAK.at
MAK.at

Besonderer Dank gilt dem Dallas Museum of Art und Mrs. Deedie Rose, dem Schmuckmuseum Pforzheim sowie den privaten LeihgeberInnen für die Leihgaben der Fritz Maierhofer Retrospektive.
Special thanks to the Dallas Museum of Art and Mrs. Deedie Rose, to the Schmuckmuseum Pforzheim and to the private lenders for the loans of the Fritz Maierhofer Retrospective.

Bildnachweis | Photo credits
Alle Aufnahmen | All photographs: Foto: © MAK / Nathan Murrell, außer | except: Fritz Maierhofer: S. | pp. 128 – 141

Umschlagabbildungen | Cover illustrations
vorne | front: Fritz Maierhofer, Brosche *Metallzeichnung*, 1977, Silber, Gelb- und Weißgold | Brooch *Metallzeichnung*, 1977, silver, yellow and white gold

hinten | back: Manfred Bischoff, Brosche *L'homme da sisi (L'homme d'Assisi)*, Gold, Aluminium, Koralle | Brooch *L'homme da sisi (L'homme d'Assisi)*, gold, aluminium, coral

Florian Ladstätter, Anhanger *Rüsselchen*, Swarovskiband, Kunststoff | Pendant *Little Trunks*, Swarovski tape, plastic

Bruce Metcalf, Brosche *Engel*, Holz, Lack | Brooch *Angel*, wood, lacquer